[Wissen für die Praxis]

Weiterführend empfehlen wir:

Das gesamte Betreuungsrecht
ISBN 978-3-8029-5343-9
Betreuungsrecht, Betreuungspraxis
ISBN 978-3-8029-8433-4
BtOG: Das neue Betreuungsorganisationsgesetz
ISBN 978-3-8029-8443-3

Wir freuen uns über Ihr Interesse an diesem Buch. Gerne stellen wir Ihnen zusätzliche Informationen zu diesem Programmsegment zur Verfügung.

Bitte sprechen Sie uns an:

E-Mail: WALHALLA@WALHALLA.de
https://www.WALHALLA.de

Walhalla Fachverlag · Haus an der Eisernen Brücke · 93042 Regensburg
Telefon 0941 5684-0 · Telefax 0941 5684-111

WALHALLA

Reinhold Spanl

Neues Vergütungsrecht für Betreuer

Systematik, Fallpauschalen und Übergangsregelungen nach dem reformierten VBVG

Bibliografische Information der Deutschen Nationalbibliothek
Die Deutsche Nationalbibliothek verzeichnet diese Publikation in der Deutschen Nationalbibliografie; detaillierte bibliografische Daten sind im Internet über www.dnb.de abrufbar.

Zitiervorschlag:
Spanl, Reinhold Neues Vergütungsrecht für Betreuer
Walhalla Fachverlag, Regensburg 2026

WALHALLA – eine Marke der Walhalla Mediengruppe

1. Auflage
Rechtsstand: 1. Januar 2026

Kontakt bei Fragen zur Produktsicherheit:
Walhalla u. Praetoria Verlag GmbH & Co. KG, Haus an der Eisernen Brücke, 93042 Regensburg, E-Mail: produktsicherheit@walhalla.de, Telefon: 0941 5684-0

Produktion: Walhalla Mediengruppe, Regensburg
Umschlaggestaltung: grubergrafik, Augsburg
Printed in Germany
ISBN 978-3-8029-4445-1

Zur Walhalla Mediengruppe gehören die Marken WALHALLA, Deichmann+Fuchs, metropolitan und Annual Multimedia Award.

Schnellübersicht

Gesamtinhaltsverzeichnis

1. Grundlagen für die Ansprüche des Betreuers

Die Vorschriften über Vergütung, Auslagenersatz und Aufwandspauschale sind zunächst in §§ 1875 bis 1881 BGB geregelt. Die unmittelbare Anwendung der materiellen Vorschriften findet grundsätzlich nur für den ehrenamtlichen Betreuer statt, während für den berufsmäßig tätigen Betreuer, die Betreuungsvereine und -behörden die §§ 7 bis 19 VBVG angewendet werden, § 1875 Abs. 2 BGB. Die Verfahrensvorschriften zur Zahlung an den Betreuer bzw. die Regressansprüche der Staatskasse findet man in §§ 292, 292a FamFG.

Wird in einer betreuungsgerichtlichen Zuweisungssache gemäß § 340 FamFG ein Pfleger bestellt, verweist § 1888 Abs. 1 BGB zunächst auf die §§ 1875 bis 1881 BGB; außerdem nimmt § 1888 Abs. 2 BGB für den beruflich tätigen Pfleger die §§ 1 bis 6 VBVG in Anspruch.

Der Betreuer will diejenigen Aufwendungen erstattet bekommen, die er zum Zweck der Führung der Betreuung macht, den Aufwendungsersatz. Daneben möchte er die Zeit, die er für die Betreuung aufwendet, als Vergütung geltend machen; dies gilt insbesondere für denjenigen, der Betreuungen im Rahmen seiner Berufsausübung führt, den beruflichen Betreuer.

Ansprüche richten sich grundsätzlich gegen den Betreuten (das Betreutenvermögen) und bei Mittellosigkeit gegen die Staatskasse.

Wird in einer Betreuungssache ein Verfahrenspfleger bestellt (§ 276 FamFG), ergeben sich seine Ansprüche auf Auslagenersatz und Vergütung aus § 277 FamFG; in Unterbringungssachen verweist § 318 FamFG auf § 277 FamFG. Der Aufwendungsersatz und die Vergütung werden stets aus der Staatskasse bezahlt, § 277 Abs. 4 FamFG, jedoch kann diese im Wege des Auslagenersatzes nach KVfG Nr. 31015 (zu § 3 Abs. 2 GNotKG) beim Betreuten Rückgriff nehmen, soweit dieser nicht mittellos im Sinne des § 1880 BGB ist.

Hinweis:
Zum 1.1.2026 sind nach dem Kosten- und Betreuervergütungsrechtsänderungsgesetz 2025 (KostBRÄG 2025) Änderungen bei der Vergütung und den Auslagen eingetreten. Alle Änderungen sind in diesem Band berücksichtigt.

2. Ansprüche des ehrenamtlichen Betreuers

2.1 Vergütung

Nach § 1876 Satz 1 BGB ist eine Betreuung grundsätzlich unentgeltlich zu führen. Dem ehrenamtlichen Betreuer kann allerdings eine angemessene Vergütung bewilligt werden, wenn der Betreute nicht mittellos ist und der Umfang oder die Schwierigkeit der Betreuungsgeschäfte es rechtfertigen, § 1876 Satz 2 BGB.

2.1.1 Voraussetzungen einer (ausnahmsweisen) Vergütungsgewährung

Die Höhe des Vermögens spielt grundsätzlich keine Rolle, allerdings darf der Betreute nicht mittellos sein. Dem Vermögen kommt somit nur eine negative Bedeutung zu. Begründen kann das Vermögen des Betreuten den Vergütungsanspruch indirekt, wenn es nämlich Umfang und Schwierigkeit der Betreuungsgeschäfte beeinflusst.

Die aufgewendete Zeit des Betreuers bestimmt den Umfang. Wann ein überdurchschnittlicher Zeitaufwand vorliegt, ist nicht definiert; zum Teil werden durchschnittlich ein bis zwei Wochenstunden je Betreuung angesetzt. Nur wenn über einen längeren Zeitpunkt und regelmäßig dieses Maß überschritten wird, rechtfertigt der Umfang eine Vergütungsgewährung. Der Zeitaufwand kann in seiner ungefähren Größenordnung festgestellt und ggf. geschätzt werden (BayObLG, Beschl. v. 16.3.1998 – 3Z BR 373/97).

Besonders schwierig kann die Betreuungstätigkeit durch unterschiedlichste Gründe sein – so z. B. durch die Verwaltung eines umfangreichen Vermögens, insbesondere wenn dessen Zusammensetzung besonderes Wissen erfordert. Unterbringungsmaßnahmen, besonders wiederholte, können erhöhte Schwierigkeiten hervorrufen. Auch die Person des Betreuten selbst kann die Ursache sein; aber auch dieses Kriterium führt nur zu einer Vergütung, wenn das „normale Maß“ überschritten wird. Umfang oder Schwierigkeit sind unabhängige Voraussetzungen; jeder einzelne Tatbestand für sich reicht aus.

2.1.2 Höhe der Vergütung

Die Höhe der Vergütung kann sich nur aus dem Umfang und der Schwierigkeit der Betreuungsgeschäfte ergeben; Stunden- oder Prozentsätze des Vermögens sind nicht vorgesehen. Umfang und Schwierigkeit bestimmen nicht nur das „Ob" einer Vergütung, sondern sind auch für deren Bemessung maßgebend, während das Vermögen kein eigenständiges Bemessungskriterium darstellt. Einer besonderen Sachkunde des ehrenamtlichen Betreuers wird dabei – anders als bei berufsmäßig tätigen Betreuern – keine entscheidende Bedeutung beigemessen. Die Vergütung soll dem Betreuer als Entschädigung für seine in einem Ehrenamt aufgewandte Zeit dienen, darf jedoch nicht als Einkommen oder Einkommensersatz gesehen werden (BayObLG, Beschl. v. 31.3.2004 – 3Z BR 250/03).

Die pauschalierte Vergütung eines beruflichen Betreuers kann nicht als Maßstab für die Angemessenheit herangezogen werden. Denn während ein beruflicher Betreuer eine Vielzahl von Betreuungen führt, die nach Ansicht des Gesetzgebers im Wege einer Mischkalkulation zwischen aufwändigen und weniger aufwändigen Fällen insgesamt zu einer angemessenen Vergütung führen sollen, führt der ehrenamtliche Betreuer typischerweise nur diese eine Betreuung (z. B. OLG Karlsruhe, Beschl. v. 1.3.2007 – 11 Wx 74/06). Die Vergütung des ehrenamtlichen Betreuers kann in der Höhe nicht durch die Fallpauschalen des berufsmäßigen Betreuers begrenzt werden (OLG München, Beschl. v. 9.7.2008 – 33 Wx 119/07).

Das Betreuungsgericht hat vor der Festsetzung einer Vergütung den Zeitaufwand, den der ehrenamtliche Betreuer erbracht hat, zu ermitteln (LG Mainz, Beschl. v. 18.2.2013 – 8 T 225/12).

Bei der Beantragung einer Vergütung des ehrenamtlichen Betreuers muss dargestellt werden, welcher Zeitaufwand betrieben (in Stunden darstellen) und dass dadurch das Normalmaß überstiegen wird. Daneben ist anzugeben, welche besondere Schwierigkeit mit den getätigten Geschäften verbunden war und welches positive Ergebnis für den Betreuten erzielt werden konnte. Zudem sollte erläutert werden, dass das Betreutenvermögen die beantragte Vergütung rechtfertigt.

Liegen die Voraussetzungen für eine Vergütungsgewährung im Sinne des § 1876 Satz 2 BGB vor, kann der ehrenamtliche Betreuer die Höhe nach dem Zeitaufwand (Stundenanzahl) berechnen. Aufgetretene Schwierigkeiten werden regelmäßig durch einen erhöhten Zeitaufwand abzudecken sein.

2.1.3 Antrag, Anspruchsgegner, Ausschlussfrist, Verjährung

Die Festsetzung der Vergütung durch das Betreuungsgericht erfolgt auf Antrag des Betreuers, § 292 Abs. 1 Nr. 2 FamFG. Der Anspruch richtet sich (nur) gegen den Betreuten, nach dessen Tod gegen seine Erben. Eine Vergütung aus der Staatskasse scheidet aus, § 1876 Satz 2 Nr. 2 BGB.

Eine Geltendmachung innerhalb einer bestimmten Frist nach Entstehung beim Betreuungsgericht ist nicht vorgesehen; ein Erlöschen des Anspruchs durch Fristablauf tritt somit nicht ein.

Der Vergütungsanspruch verjährt allerdings drei Jahre nach dem Ende des Jahres, in dem die Betreuung beendet ist, §§ 195, 199 Abs. 1 Nr. 1, § 207 Abs. 1 Satz 2 Nr. 4 BGB.

2.1.4 Vergütung bei mehreren Betreuern

Wird ein ehrenamtlicher Betreuer neben einem beruflichen Betreuer bestellt (§ 1817 Abs. 1 Satz 3 BGB steht dem nicht entgegen), ist fraglich, ob dem ehrenamtlichen Betreuer eine Vergütung gewährt werden kann, wenn die Voraussetzungen des § 1876 Satz 2 BGB vorliegen. Möglicherweise würde dies dem Sinn und Zweck des § 1817 Abs. 1 Satz 3 BGB widersprechen. Allerdings geht der Wortlaut des § 1817 Abs. 1 Satz 3 BGB ausdrücklich nur von mehreren „beruflichen" Betreuern aus.

Werden mehrere ehrenamtliche Betreuer nebeneinander bestellt, kann unter der Voraussetzung des § 1876 Satz 2 BGB an sich jedem eine Vergütung gewährt werden.

2.2 Aufwendungsersatz

Macht der Betreuer zur Führung der Betreuung Aufwendungen, kann er nach den für den Auftrag geltenden Vorschriften der §§ 669 und 670 BGB vom Betreuten Vorschuss oder Ersatz verlangen, § 1877 Abs. 1 Satz 1 BGB. Der Betreuer soll davor bewahrt werden, durch seine Tätigkeit eine Minderung seines eigenen Vermögens zu erleiden, also ein Vermögensopfer zu erbringen. Er kann Ersatz für solche Aufwendungen geltend machen, die er zum Zweck der Führung der Betreuung den Umständen nach für erforderlich hält oder die er auf Weisung des Betreuungsgerichts erbringt.

Ob Aufwendungen erforderlich sind, richtet sich grundsätzlich nach der Sicht des Betreuers (Wortlaut des § 670 BGB), nicht nach dem Blickwinkel eines unbeteiligten Dritten. Der Betreuer muss die Aufwendung unter Beachtung der ihm obliegenden Sorgfalt den Umständen nach für erforderlich halten, auch wenn sich dies nachträglich als Fehleinschätzung erweist (BayObLG, Beschl. v. 31.10.2001 – 3Z BR 198/01).

- Wichtigste Voraussetzung für den Ersatz ist immer, dass die Aufwendung zum Zweck der Führung der Betreuung erbracht wird. Mit ihr muss die Wahrnehmung der Aufgaben des Betreuers ermöglicht oder erleichtert werden.
- Nicht erstattungsfähig sind Aufwendungen, die außerhalb des Aufgabenkreises der Betreuung gemacht werden oder die nicht unmittelbar der Führung der Betreuung dienen.
- Auch kann der Betreuer keinen Ersatz aus der Staatskasse erhalten, wenn er dem (mittellosen) Betreuten Beträge zur Führung des Lebensunterhalts „vorschießt". Diese Aufwendungen kann er nur vom Betreuten selbst verlangen oder bei Sozialhilfeträgern bzw. Krankenversicherungen im Namen des Betreuten einfordern.

Zu beachten ist auch, dass die Betreuung mit dem Tod des Betreuten endet. Tätigkeiten des Betreuers über den Tod hinaus sind nicht erstattungsfähig, soweit nicht § 1874 BGB Anwendung findet. Hierbei handelt es sich um Geschäfte, die der Betreuer erledigt, solange er vom Tod des Betreuten noch keine Kenntnis hat (§ 1874 Abs. 1 BGB), oder um Geschäfte, die nicht ohne Gefahr aufgeschoben werden können, bis der Erbe Fürsorge treffen kann (§ 1874 Abs. 2 BGB). Die Bestattung des Betreuten ist keine Angelegenheit der Betreuung und des Betreuers; somit handelt der ehemalige Betreuer immer als Vertreter der Angehörigen und muss seine Auslagenerstattung von diesen verlangen.

2.2.1 Erstattungsfähige Aufwendungen

Bei den Aufwendungen im Sinne von § 1877 Abs. 1 Satz 1 BGB handelt sich um sog. Barauslagen des Betreuers.

Porto, Telefon-/Faxkosten sind erstattungsfähig in tatsächlich angefallener Höhe im Einzelfall. Hat der Betreuer eine sog. Telefonflatrate, sind die einzelnen Gespräche nicht mehr einer bestimmten Betreuung zuzuordnen und können deshalb nicht angesetzt werden.

Fotokopierkosten sind grundsätzlich erstattungsfähig. Die Höhe der zu ersetzenden Kopierkosten ist gesetzlich nicht festgelegt, insbesondere nicht auf bestimmte Beträge beschränkt. Vielmehr sind die Kosten nach Aufwand zu ersetzen. Soweit der Betreuer die Kopien an einem Fremdgerät fertigt, kann er die Kosten ansetzen, die er tatsächlich entrichten musste. Unklar ist, welchen Betrag er erstattet bekommt, wenn er die Kopie auf seinem eigenen Gerät erstellt. Die Rechtsprechung stellt sich hierzu nicht einheitlich dar; 0,15 EUR pro Seite dürften aber allgemein anerkannt werden. Stellt man auf die Vorschriften Nr. 31000 KV GNotKG oder auf Nr. 7000 VVRVG ab, kann eine Pauschale in Höhe von 0,50 EUR für die ersten 50 Kopien und eine in Höhe von 0,15 EUR für jede weitere Seite angesetzt werden. Können die entstandenen Kopierkosten nicht konkret dargelegt werden, kann das Gericht die Höhe der erstattungsfähigen Aufwendungen schätzen.

Fahrt- und Reisekosten sind notwendig und erstattungsfähig, wenn sie durch Besuche beim Betreuten, einen gemeinsamen Arztbesuch oder durch die Wahrnehmung von Gerichts- oder Behördenterminen im Rahmen der Amtsführung entstehen. Dient die Fahrt dem Besuch mehrerer Betreuter (Heim, Bezirkskrankenhaus), sind die Kosten anteilsmäßig zu verteilen.

Ist einem Betreuer auch der Aufgabenbereich der Gesundheitsfürsorge übertragen, gehören zu seinen Aufgaben die Sicherstellung und Kontrolle der ärztlichen Behandlung sowie der Befolgung der ärztlichen Anweisungen und Ratschläge. In diesem Bereich kann im Einzelfall die Teilnahme des Betreuers an für die Diagnose oder die weitergehende Behandlung wichtigen Arztbesuchen gerechtfertigt sein (LG Osnabrück, Beschl. v. 2.2.2017 – 7 T 770/16).

Für den Ersatz von Fahrtkosten sind die in § 5 JVEG für Sachverständige getroffenen Regelungen entsprechend anzuwenden.

- Bei der Benutzung öffentlicher Verkehrsmittel werden die tatsächlich angefallenen Kosten (gezahlter Fahrpreis) erstattet, § 5 Abs. 1 JVEG.

- Verwendet der Betreuer einen eigenen (oder von einem Dritten unentgeltlich zur Verfügung gestellten) Pkw, kann er für jeden angefangenen Kilometer des Hin- und Rückwegs 0,42 EUR verlangen (§ 1877 Abs. 1 Satz 2 BGB i. V. m. § 5 Abs. 2 Satz 1 Nr. 2 JVEG). Neben der Kilometerpauschale können insbesondere Parkgebühren in tatsächlich entstandener Höhe geltend gemacht werden, § 5 Abs. 2 Satz 2 JVEG.
- Höhere Fahrtkosten (z. B. Flugzeug, Taxi) werden ersetzt, wenn dadurch Mehrbeträge an Vergütung erspart werden können oder wenn sie wegen besonderer Umstände notwendig sind, § 5 Abs. 3 JVEG.

Verpflegungsmehraufwendungen können anfallen, wenn der Betreuer eine Reise durchführt. Eine Orientierung an § 6 JVEG und die dort in Bezug genommenen (Pauschal-)Sätze des EStG ist sinnvoll: Eine Abwesenheit von mehr als acht Stunden ergibt 14 EUR. Anders sieht dies das BayObLG (Beschl. v. 10.9.2003 – 3Z BR 73/03), das bei eintägigen Reisen an Werktagen keine Pauschale für Verpflegungsaufwand zubilligt, soweit diese die Kosten selbst beschaffter Verpflegung übersteigt.

Fraglich ist, ob ein **Verdienstausfall** geltend gemacht werden kann. Der ehrenamtliche Betreuer führt grundsätzlich sein Amt unentgeltlich. Dies kann jedoch nicht so weit gehen, dass er einen Verdienstausfall erleidet, weil er z. B. während seiner Arbeitszeit zu einem Termin beim Betreuungsgericht geladen wird oder eine unaufschiebbare Unterbringung zu erledigen hat. Der Zweck des § 1877 BGB geht dahin, den Betreuer vor Vermögenseinbußen zu bewahren; eine solche tritt aber ein, wenn der Arbeitgeber einen Lohnabzug vornimmt oder der Selbstständige eine Vertretung bezahlen muss. Die Literatur ist hier unterschiedlicher Ansicht; Erstattungsfähigkeit dürfte aber gegeben sein, wenn der Betreuer einen (nachweisbaren) Ausfall hat und die Tätigkeit aus Gründen, die nicht seiner Beeinflussung unterliegen, nicht außerhalb seiner Arbeitszeit erledigt werden kann.

Wird der Betreuer nicht als Zeuge, sondern als gesetzlicher Vertreter in einem gerichtlichen Verfahren gegen den Betreuten geladen, kann er keine Entschädigung nach den Vorschriften des JEVG geltend machen (AG Köln, Beschl. v. 11.9.2013 – 707 Ds 16/13).

Soweit der Betreuer an **Fortbildungsveranstaltungen** teilnimmt – wobei es nicht darauf ankommt, wer diese anbietet –, kann er weder die Seminargebühren noch Fahrtkosten im Rahmen des § 1877 BGB zur Erstattung verlangen. Auch der Erwerb von **Fachliteratur** kann regelmäßig nicht einer Betreuung zugeordnet und damit erstattet werden.

2.2.2 Aufwendungen für Versicherungsleistungen

Die Kosten einer angemessenen Versicherung sind nach § 1877 Abs. 2 BGB erstattungsfähig, wenn die Versicherung folgende Risiken umfasst:

- Schäden, die der Betreuer dem Betreuten zufügt
- Schäden, die dem Betreuer dadurch entstehen, dass er bei der Führung seines Amts einem Dritten gegenüber schadensersatzpflichtig wird
- Unfallschäden, die auf direkten Wegen von und zu Betreuertätigkeiten eintreten

Nicht erstattungsfähig sind Versicherungsbeiträge, die entstehen, wenn sich der Betreuer gegen Schäden versichert, die er selbst bei der Führung der Betreuung erleiden könnte. Ebenfalls nicht erstattungsfähig sind die Kosten der Kfz-Haftpflichtversicherung des Betreuers, § 1877 Abs. 2 Satz 1 Halbsatz 2 BGB.

Der überwiegende Teil der Bundesländer hat für ehrenamtliche Betreuer eine Sammelhaftpflichtversicherung abgeschlossen. In diesen Versicherungsschutz ist jeder ehrenamtliche Betreuer eingeschlossen, ohne dass es eines ausdrücklichen Beitritts bedarf.

In der Regel bestehen zwei Versicherungsverträge:

- eine Vermögensschadenhaftpflichtversicherung mit einer Versicherungssumme von 100.000 EUR je Versicherungsfall
- eine allgemeine Haftpflichtversicherung mit einer Versicherungssumme von bis zu 10 Mio. EUR (unterschiedliche Summen in den Bundesländern) pauschal für Personen- und/oder Sachschäden je Schadensereignis

Soweit die Sammelversicherungssummen im Einzelfall nicht ausreichend sind, insbesondere im Bereich der Vermögensschäden, kann der Betreuer eine Höherversicherung vornehmen. Vermögensschäden sind z. B. auch Ersatzansprüche wegen finanzieller Verluste aufgrund einer fehlerhaften Anlage des Betreutenvermögens. Allerdings sind nur die Kosten einer angemessenen Versicherung erstattungsfähig; das bedeutet, dass der Umfang des Versicherungsschutzes dem zu deckenden Risiko entsprechen muss.

Ehrenamtliche Betreuer, die ausnahmsweise eine Vergütung nach § 1876 Satz 2 BGB erhalten, sind nach dem Wortlaut des § 1877 Abs. 2 Satz 1 BGB nicht ausgeschlossen; ihnen können neben der Vergütung auch Versicherungsleistungen erstattet werden, wenn sie sich über die Sammelhaftpflicht hinaus versichern.

2.2.3 Aufwendungen im Sinne von § 1877 Abs. 3 BGB

Nach dieser Vorschrift erlangt der Betreuer für seinen Zeitaufwand eine Erstattung, wenn er seine berufseinschlägige Arbeitskraft einsetzt. Erstattungsfähig sind solche gewerbe- und berufsspezifischen Dienste des Betreuers, für die ein anderer Betreuer, der nicht diese Qualifikationen besitzt, berechtigterweise einen entsprechend qualifizierten Dritten hinzugezogen hätte. Die vom Betreuer insoweit erledigten Tätigkeiten müssen durch den ihm erteilten Aufgabenkreis gedeckt sein und zum Zweck der Führung der Betreuung erfolgen. Die Vorschrift des § 1877 Abs. 3 BGB hat Ausnahmecharakter und ist deshalb eng auszulegen.

Es erweist sich als zweckmäßig, die vergütungsrelevante Tätigkeit vor ihrer Ausführung mit dem Rechtspfleger des Betreuungsgerichts abzusprechen.

2.2.4 Inhalt und Erfüllung des Aufwendungsersatzanspruchs

Der Betreuer hat einen Anspruch auf Ersatz seiner Aufwendungen nach § 670 BGB; dieser entsteht kraft Gesetzes. Der Anspruch richtet sich grundsätzlich gegen den Betreuten und ist aus dessen Vermögen zu erfüllen. Für vorhersehbare Aufwendungen kann ggf. auch ein Vorschuss beantragt werden, § 669 BGB.

Vermögender Betreuter

Soweit der Betreuer durch seinen Aufgabenkreis Zugang zum Vermögen hat (Vermögenssorge), kann er seinen Ersatz oder Vorschuss direkt dem Vermögen des Betreuten entnehmen; dabei ist er nicht ausgeschlossen oder eingeschränkt nach § 1824 Abs. 2 i. V. m. § 181 BGB, da es sich um die Erfüllung einer Verbindlichkeit handelt. Wenn der Betreuer auf versperrte Anlagen zurückgreifen muss (z. B. Sparkonto), bedarf er allerdings der betreuungsgerichtlichen Genehmigung nach § 1849 Abs. 1 Satz 1 Nr. 1 BGB, soweit er nicht nach § 1859 BGB ein befreiter Betreuer ist. Entnimmt er den Betrag dem Girokonto des Betreuten, ist unabhängig vom Kontostand keine Genehmigung erforderlich; § 1849 Abs. 2 Satz 1 Nr. 1b BGB.

Das Betreuungsgericht kann, auch wenn es den Aufwendungsersatz nicht festzusetzen hat, auf Art und Höhe Einfluss nehmen. Stellt es bei der jährlichen Abrechnung des Betreuers (§ 1865 BGB) fest, dass Aufwendungen überflüssig oder überhöht als Ersatz entnommen oder als Vorschuss gewährt wurden, kann es den Betreuer zur Rückerstattung anhalten.

Ist dem Betreuer als Anspruchsinhaber ein Zugang zum Vermögen des Betreuten verwehrt, da ihm die Vermögenssorge nicht zusteht, muss er seinen Anspruch beim Betreuten selbst oder demjenigen Betreuer geltend machen, der die Vermögenssorge führt. Auch kann er sich seinen Anspruch durch das Betreuungsgericht auf Antrag festsetzen lassen, § 292 Abs. 1 Nr. 1 FamFG.

Mittelloser Betreuter

Ist der Betreute mittellos im Sinne von § 1880 BGB, richtet sich der Ersatzanspruch gegen die Staatskasse, § 1879 BGB.

Der Aufwendungsersatz wird aus der Staatskasse erbracht. Es erfolgt eine Festsetzung oder Zahlbarmachung durch das Betreuungsgericht auf Antrag des Betreuers, § 292 Abs. 1 Nr. 2 oder Abs. 5 FamFG. Der festgestellte Betrag wird auf das Konto des Betreuers überwiesen.

2.2.5 Erlöschen des Aufwendungsersatzanspruchs

Die Ansprüche des Betreuers auf Erstattung seiner Aufwendungen erlöschen, wenn sie nicht binnen 15 Monaten nach ihrer Entstehung gerichtlich geltend gemacht werden, § 1877 Abs. 4 BGB. Sofern sich die Ansprüche gegen den Betreuten richten, genügt auch Geltendmachung gegenüber dem Betreuungsgericht (§ 1877 Abs. 4 Satz 2 BGB).

Geltendmachung bedeutet, dass der Anspruch gegenüber dem Betreuungsgericht – verbunden mit einer Erstattungsforderung – beziffert wird; Belege können dabei nachgereicht werden. Die Angabe eines „Phantombetrags" ohne jegliche Aufschlüsselung genügt jedoch nicht (OLG Frankfurt, Beschl. v. 13.8.2001 – 20 U 113/01).

2.3 Aufwandspauschale des Betreuers

2.3.1 Wesen der Aufwandsentschädigung

2

Die Aufwandspauschale des § 1878 BGB ist dem Grunde nach ein pauschalierter Aufwendungsersatz für ehrenamtliche Betreuer. Sie umfasst seit 1.1.2026 einen Betrag von 450 EUR jährlich (bis 31.12.2025: 425 EUR). Für die Berechnung kommt es auf die Fälligkeit (nicht Geltendmachung) der Aufwandsentschädigung an; tritt diese nach dem 1.1.2026 ein (z. B. am 3.1.2026), gilt der neue Betrag (zur Fälligkeit siehe § 1878 Abs. 3 Satz 1 BGB).

Der Betreuer kann wählen, ob er die Aufwandspauschale nach § 1878 BGB geltend macht – ohne Nachweis der tatsächlich angefallenen Auslagen – oder ob er die Aufwendungen einzeln nachweist und sie sich erstatten lässt, § 1877 BGB.

Der Betreuer muss den Anspruch auf Aufwandspauschale geltend machen, § 1878 Abs. 1 Satz 1 BGB. Ist der Anspruch einmalig ausdrücklich gerichtlich geltend gemacht worden, so gilt in den Folgejahren die Einreichung des Jahresberichts (§ 1863 Abs. 3 BGB) jeweils als Antrag, es sei denn, dass der Betreuer ausdrücklich auf eine weitere Geltendmachung verzichtet, § 1878 Abs. 4 Satz 3 BGB.

2.3.2 Anspruchsberechtigte

Berechtigt sind Betreuer, die keinen Anspruch auf Vergütung haben, § 1878 Abs. 1 Satz 1 BGB; dies sind letztlich nur ehrenamtliche Betreuer, die zudem keine Vergütung nach § 1876 Satz 2 BGB erhalten.

Der Anspruch gilt für jede Betreuung getrennt. Führt ein Betreuer mehrere Verfahren, kann er für jede Betreuung (für die er keine Vergütung erhält) den Pauschalbetrag geltend machen.

Sind für einen Betreuten mehrere Betreuer bestellt (§ 1817 BGB), steht jedem von ihnen die volle Aufwendungspauschale zu, auch dann, wenn die übertragenen Aufgabenkreise identisch und mehrere Betreuer zur gemeinsamen Führung bestellt sind, § 1878 Abs. 2 Satz 1 BGB (BayObLG, Beschl. v. 14.8.2001 – 3Z BR 234/01). In den Fällen der Bestellung eines Verhinderungsbetreuers nach § 1817 Abs. 4 BGB kann jeder Betreuer den Anspruch auf Aufwandspauschale nur für den Zeitraum geltend machen, in dem er tatsächlich tätig geworden ist, § 1878 Abs. 2 Satz 2 BGB.

Beispiel:

Der ehrenamtliche Betreuer A ist wirksam am 3.12.2025 bestellt. In der Zeit vom 7.7. bis 30.7.2026 (23 Tage – der 7.7. wird dem A zugerechnet, § 187 Abs. 1 BGB) ist er im Urlaub. Für diese Zeit ist der ehrenamtliche Betreuer B bestellt. A macht am 3.12.2026 geltend: 342/365 aus 450 EUR = 421,64 EUR; B kann 23/365 aus 450 EUR = 28,36 EUR erhalten.

2.3.3 Umfang der Aufwandsentschädigung

Dem Betreuer steht pro Jahr ein Betrag von 450 EUR zu (18-facher Satz des Höchstbetrags von 25 EUR, den ein Zeuge pro Stunde erlangen kann, § 22 JVEG), § 1878 Abs. 1 Satz 2 BGB.

Gemäß § 4 BetrInASG (Betreuer-Inflationsausgleichs-Sonderzahlungsgesetz) kann ein ehrenamtlicher Betreuer in der Zeit vom 1.1.2024 bis 31.12.2025 zusätzlich zur Aufwandspauschale die Zahlung einer Inflationsausgleichssonderzahlung in Höhe von 24 EUR jährlich verlangen. Sie kann nur gemeinsam mit der Aufwandsentschädigung geltend gemacht werden, § 5 Abs. 1 BetrInASG.

Beispiel:

Wird der Betreuer

- am 4.12.2024 bestellt, kann am 5.12.2025 die Pauschale von 449 EUR (425 EUR + 24 EUR) geltend gemacht werden;
- am 4.1.2025 bestellt, kann nur eine Pauschale von 450 EUR geltend gemacht werden, da die Fälligkeit erst am 5.1.2026 eintritt (keine Inflationssonderzahlung mehr, aber die seit 1.1.2026 geltende höhere Pauschale).

Endet das Amt des Betreuers, ist die Aufwandspauschale anteilig nach den Monaten des bis zur Beendigung des Amts laufenden Betreuungsjahres zu zahlen. Dies gilt auch für die bis 31.12.2025 geltende Inflationsausgleichssonderzahlung. Ein angefangener Monat gilt als voller Monat (§ 1878 Abs. 3 Satz 2 Halbsatz 2 BGB, § 4 Abs. 2 BetrInASG).

Beispiel:

A wird am 2.2.2026 als ehrenamtlicher Betreuer wirksam bestellt. Der Betreute verstirbt am 10.8.2026 (Ende der Betreuung, § 1870 BGB). A macht geltend: 450 EUR : 12 × 7 = 262,50 EUR.

Hat der Betreuer für seine Aufwendungen bereits Vorschuss oder Ersatz nach § 1877 BGB erlangt, verringert sich die Aufwandspauschale um diesen Betrag, § 1878 Abs. 1 Satz 3 BGB.

Beispiel:

Der Betreuer wird am 8.4.2025 bestellt. Bis zum 31.7.2025 sind ihm Aufwendungen zum Zweck der Führung der Betreuung in Höhe von 150 EUR entstanden. Er entnimmt am 3.8.2025 dem Betreutenvermögen diesen Betrag (§ 1877 Abs. 1 Satz 1 BGB). Da im weiteren Verlauf der Betreuung keine nennenswerten Auslagen mehr angefallen sind, macht er am 15.4.2026 die Aufwandspauschale für die Zeit vom 9.4.2025 bis 8.4.2026 gemäß § 1878 Abs. 1 BGB geltend und entnimmt dem Betreutenvermögen weitere 300 EUR (unter Beachtung von § 1878 Abs. 1 Satz 3 BGB), ohne dass er die Entstehung der Auslagen insgesamt zu belegen hat.

2.3.4 Fälligkeit der Aufwandsentschädigung

Die Aufwandspauschale ist erstmals ein Jahr nach Bestellung des Betreuers fällig, § 1878 Abs. 3 Satz 1 BGB. Das bedeutet, dass für den Betreuer erst nach Ablauf des ersten Jahres der Anspruch entsteht, nach Ablauf jeweils eines weiteren Jahres wird erneut ein Anspruch fällig. Damit scheidet auch ein Vorschuss aus.

Endet das Amt des Betreuers vor Ablauf eines Jahres, wird eine entsprechend gekürzte Aufwandspauschale zum Zeitpunkt der Amtsbeendigung fällig.

2.3.5 Anspruchsgegner

Vermögender Betreuter

Der Anspruch richtet sich gegen den Betreuten, denn es handelt sich um den Ersatz von Aufwendungen des Betreuers, den der Betreute zu erbringen hat, § 1877 Abs. 1 BGB. Soweit der Betreuer durch seinen Aufgabenkreis Zugang zum Vermögen hat, kann er die Aufwandspauschale direkt entnehmen; dabei ist er nach § 1824 Abs. 2 i. V. m. § 181 BGB nicht ausgeschlossen, da es sich um die Erfüllung einer Verbindlichkeit handelt. Wenn der Betreuer auf versperrte Anlagen zurückgreifen muss, bedarf er der betreuungsgerichtlichen Genehmigung nach § 1849 Abs. 1 Satz 1 Nr. 1 BGB, soweit er nicht befreiter Betreuer ist (§ 1859 BGB).

Ist der Betreute verstorben, richtet sich der Anspruch des Betreuers gegen die Erben (§ 1922 Abs. 1 BGB). Ein selbstständiges Entnahmerecht hat der Betreuer nicht mehr, da sein Amt durch den Tod des Betreuten beendet ist. Eine Festsetzung gemäß § 292 Abs. 1 Nr. 1 FamFG gegen die Erben durch das Betreuungsgericht kann grundsätzlich erfolgen.

Mittelloser Betreuter

Ist der Betreute mittellos im Sinne von § 1880 BGB, richtet sich der Anspruch auf Zahlung der Aufwandspauschale gegen die Staatskasse, § 1879 BGB.

Die Geltendmachung gegen die Staatskasse kann auf unterschiedliche Art erfolgen. Entweder beantragt der Betreuer die Zahlung auf dem Verwaltungsweg oder die Festsetzung durch das Betreuungsgericht nach § 292 Abs. 1 Nr. 1 oder Abs. 5 FamFG.

2.3.6 Erlöschen des Anspruchs

Der Anspruch auf Aufwandspauschale erlischt, wenn er nicht binnen sechs Monaten nach Ablauf des (Kalender-)Jahres, in dem der Anspruch entstanden ist, geltend gemacht wird, § 1878 Abs. 4 Satz 1 BGB.

Beispiele:

Der Betreuer wird am 19.1.2025 bestellt, damit wird der Anspruch mit Ablauf des 19.1.2026 fällig. Somit hat der Betreuer bis zum 30.6.2027 Zeit, um den Anspruch geltend zu machen.

Wird der Betreuer am 19.12.2025 bestellt, tritt die Fälligkeit des Anspruchs mit Ablauf des 19.12.2026 ein; die Frist zur Geltendmachung läuft aber ebenfalls am 30.6.2027 ab.

Die Geltendmachung des Anspruchs beim Betreuungsgericht gilt auch als Geltendmachung gegenüber dem Betreuten, § 1878 Abs. 4

Satz 2 i. V. m. § 1877 Abs. 4 Satz 2 BGB. Es spielt somit keine Rolle, ob der Anspruch sich gegen die Staatskasse oder den Betreuten richtet; die Geltendmachung gegenüber dem Betreuungsgericht wahrt immer die Frist, auch wenn das Betreuungsgericht beim vermögenden Betreuten unter Umständen gar keine Festsetzung zu betreiben hat.

2.3.7 Verhältnis der Aufwandspauschale zu § 1877 BGB

Der Betreuer hat ein Wahlrecht, ob er zur Abdeckung seiner Aufwendungen die Pauschale nach § 1878 BGB in Anspruch nimmt, ohne Nachweise erbringen zu müssen, oder ob er seine Auslagen nachweist und Erstattung nach § 1877 BGB begehrt. Hat er nach § 1877 BGB bereits Aufwendungsersatz erlangt, kann er die Pauschale noch geltend machen, allerdings unter Anrechnung des Erlangten, § 1878 Abs. 1 Satz 3 BGB.

Hat der Betreuer Aufwendungsersatz für berufsbezogene Leistungen nach § 1877 Abs. 3 BGB erlangt, schließt dieser die Pauschale nach § 1878 BGB nicht aus; allerdings kommt auch hier die Anrechnung des Erlangten zum Zug.

2.3.8 Verhältnis der Aufwandspauschale zu § 1876 Satz 2 BGB

Problematisch stellt sich der Fall dar, wenn einem ehrenamtlichen Betreuer eine Vergütung nach § 1876 Satz 2 BGB gewährt wird. Nach dem Wortlaut des § 1878 Abs. 1 Satz 1 BGB verbietet sich damit die Zahlung einer Aufwandsentschädigung; der Betreuer hat seine Auslagen nachzuweisen und gemäß § 1877 BGB geltend zu machen.

2.3.9 Steuerliche Behandlung

Einnahmen aus selbstständiger Tätigkeit, § 18 Abs. 1 Nr. 3 EStG

Bei der Aufwandspauschale für ehrenamtliche Betreuer nach § 1878 BGB handelt es sich nach der Entscheidung des BFH (Urt. v. 17.10.2012 – VIII R 57/09) um Einnahmen aus selbstständiger Tätigkeit gemäß § 18 Abs. 1 Nr. 3 EStG.

Steuerfreibetrag nach § 3 Nr. 26b EStG

§ 3 Nr. 26b EStG erfasst Aufwandspauschalen nach § 1878 BGB (450 EUR jährlich) und stellt sie steuerfrei, soweit sie zusammen mit den steuerfreien Einnahmen nach § 3 Nr. 26 EStG (sog. Übungsleiterpauschale) den Freibetrag von 3.300 EUR pro Jahr nicht überschreiten (§ 3 Nr. 26 Satz 1 EStG).

Steuerliche Berechnung

Unter Berücksichtigung des geltenden Steuerfreibetrags nach § 3 Nr. 26 bzw. 26b Satz 1 EStG auf die Aufwandspauschalen können die Einkünfte der ehrenamtlichen Betreuer steuerlich berechnet werden.

Der ehrenamtliche Betreuer (sofern keine anderen steuerfreien Einkünfte im Rahmen von § 3 Nr. 26 EStG vorliegen) kann jährlich bis zu siebenmal die Pauschale von 450 EUR steuerfrei erhalten. Die Gesamtsumme liegt dann bei 3.150 EUR; erst ab der achten Pauschale wird der Freibetrag überschritten.

Erhält der Betreuer häufiger als siebenmal (8 × 450 EUR = 3.600 EUR) innerhalb eines Kalenderjahres Aufwandspauschalen nach § 1878 BGB, sind diese im Rahmen der Einkommensteuererklärung zu deklarieren

Ist der Betreffende aufgrund anderer Umstände steuererklärungspflichtig (z. B. bei Einkünften aus Renten, selbstständiger oder gewerblicher Tätigkeit, ausländischen Kapitalerträgen, Vermietung und Verpachtung oder weil Einnahmen aus der Steuerklasse 6 erzielt wurden – sowie dann, wenn Ehegatten die Steuerklassen 3/5 gewählt haben), dann müssen die Einnahmen aus den Aufwandspauschalen stets angegeben werden. Für die Frage, zu welchem Steuerjahr die Pauschalen gehören, kommt es darauf an, wann sie an den Betreuer zur Auszahlung kamen (nicht für welchen Tätigkeitszeitraum sie gewährt wurden). Einkünfte nach § 1878 BGB stellen dabei Einkünfte aus selbstständiger Tätigkeit dar (BFH, Urt. v. 17.10.2012 – VIII R 57/0).

Überschreiten die Einnahmen den steuerfreien Betrag von 3.300 EUR, können die mit den Tätigkeiten in unmittelbarem wirtschaftlichem Zusammenhang stehenden Ausgaben als Betriebsausgaben oder Werbungskosten abgezogen werden. Diese Ausgaben müssen sich aber auf die Tätigkeiten beziehen, für die nicht bereits der Steuerfreibetrag von 3.300 EUR in Anspruch genommen wurde, § 3 Nr. 26b Satz 2 i. V. m. Nr. 26 Satz 2 EStG.

Erhält der (ehrenamtliche) Betreuer nur seine tatsächlich angefallenen Aufwendungen im Rahmen des § 1877 Abs. 1 BGB (also nicht die Aufwandspauschale nach § 1878 BGB) erstattet, handelt es sich in der Regel nicht um einkommensteuerrelevante Einkünfte, da kein Gewinn bzw. Überschuss erzielt wird.

Anrechnung auf Leistungen nach dem SGB

Aufwandspauschalen nach § 1878 BGB werden bis zu 3.300 EUR jährlich nicht auf Bürgergeld, Sozialhilfe und Versorgungsleistungen angerechnet, § 11a Abs. 1 Nr. 4 SGB II, § 82 Abs. 1 Satz 2 Nr. 4 SGB XII.

2.4 Vergütung und Aufwendungsersatz des ehrenamtlichen Verfahrenspflegers

Vergütung und Aufwendungsersatz des Verfahrenspflegers werden in den §§ 277 und 318 FamFG geregelt.

2.4.1 Vergütung

Eine Vergütung wird dem ehrenamtlichen Verfahrenspfleger nicht gewährt. Eine Verweisung in § 277 Abs. 2 Satz 1 FamFG auf § 1876 Satz 2 BGB liegt nicht vor; auch andere Vorschriften gewähren keine Vergütung.

2.4.2 Aufwendungsersatz

Der ehrenamtliche Verfahrenspfleger kann seine Aufwendungen, insbesondere Fahrt-, Telefon- und Portokosten geltend machen, § 277 Abs. 1 FamFG i. V. m. § 1877 Abs. 1 BGB. Auch Haftpflichtversicherungsbeiträge sind ihm zu erstatten, § 1877 Abs. 2 Satz 1 BGB, soweit er nicht in eine bestehende Sammelhaftpflichtversicherung einbezogen ist (grundsätzlich gilt die sog. Ehrenamtsversicherung auch für Verfahrenspfleger).

Eine pauschalierte Aufwandspauschale gemäß § 1778 BGB scheidet mangels Verweisung für den ehrenamtlichen Pfleger aus; der ehrenamtliche Verfahrenspfleger hat seine Auslagen zu beziffern und nachzuweisen.

Vorschuss auf anstehende Aufwendungen kann nicht verlangt werden, § 277 Abs. 1 Satz 2 FamFG.

Die Ansprüche des Verfahrenspflegers auf Erstattung seiner Aufwendungen erlöschen, wenn sie nicht binnen 15 Monaten nach ihrer Entstehung gerichtlich geltend gemacht werden, § 277 Abs. 1 Satz 1 FamFG i. V. m. § 1877 Abs. 4 Satz 1 BGB.

Aufwendungsersatz wird immer aus der Staatskasse gezahlt, unabhängig davon, ob der Betreute vermögend oder mittellos ist, § 277 Abs. 4 Satz 1 FamFG.

3. Vergütung und Auslagenersatz des beruflichen Betreuers

3.1 Voraussetzung für einen Vergütungsanspruch

Dem beruflichen Betreuer wird nach § 7 Abs. 1 VBVG nur dann eine Vergütung gewährt, wenn er gemäß § 19 Abs. 2 BtOG i. V. m. § 24 BtOG registriert ist. Eine Feststellung im Betreuungsbeschluss, dass die Betreuung beruflich geführt wird (§ 286 Abs. 1 Nr. 4 FamFG), ist nicht vergütungsbegründend, wenn keine Registrierung vorliegt.

Ist ein beruflicher Betreuer nach § 19 Abs. 2 BtOG, der als Mitarbeiter eines anerkannten Betreuungsvereins rechtliche Betreuungen führt, als Vereinsbetreuer bestellt, kann der Betreuungsverein eine Vergütung verlangen. Der Vereinsbetreuer selbst kann keine Vergütung geltend machen, § 7 Abs. 2 VBVG.

Ist ein Betreuungsverein nach § 1818 Abs. 1 BGB als Betreuer bestellt, ist ihm eine Vergütung zu bewilligen, wenn der Mitarbeiter, dem die Führung der Betreuung gemäß § 1818 Abs. 2 Satz 1 BGB übertragen ist, als beruflicher Betreuer registriert ist. Eine Vergütung ist auch dann zu bewilligen, wenn der Mitarbeiter spätestens sechs Monate nach Beginn seiner Tätigkeit für den Betreuungsverein registriert ist, § 12 Abs. 1 Satz 3 VBVG.

3.2 Registrierung als beruflicher Betreuer

Das Registrierungsverfahren erfolgt nach dem BtOG und der BtRegV.

3.2.1 Registrierungsvoraussetzungen

Die Voraussetzungen für die Registrierung als beruflicher Betreuer nach § 23 Abs. 1 BtOG sind:

- die persönliche Eignung und Zuverlässigkeit
- eine ausreichende Sachkunde für die Tätigkeit als beruflicher Betreuer
- eine Berufshaftpflichtversicherung zur Deckung der sich aus der Berufstätigkeit ergebenden Haftpflichtgefahren mit einer

Mindestversicherungssumme von 250.000 EUR für jeden Versicherungsfall und von 1.000.000 EUR für alle Versicherungsfälle eines Versicherungsjahres

Die Zuverlässigkeit fehlt gemäß § 23 Abs. 2 BtOG in der Regel, wenn

- die Person hinsichtlich der Tätigkeit als beruflicher Betreuer einem Berufsverbot nach § 70 des StGB oder einem vorläufigen Berufsverbot nach § 132a der StPO unterliegt,
- die Person in den letzten drei Jahren vor Stellung des Registrierungsantrags wegen eines Verbrechens oder eines vorsätzlich begangenen, für die Führung einer Betreuung relevanten Vergehens rechtskräftig verurteilt worden ist,
- in den letzten drei Jahren vor der Antragstellung eine Registrierung nach § 27 BtOG widerrufen worden ist oder
- die Vermögensverhältnisse der Person ungeordnet sind, was in der Regel der Fall ist, wenn über das Vermögen der Person das Insolvenzverfahren eröffnet worden oder sie in das vom zentralen Vollstreckungsgericht zu führende Schuldnerverzeichnis (§ 882b ZPO) eingetragen ist.

Die erforderliche Sachkunde hat zu umfassen:

- Kenntnisse des Betreuungs- und Unterbringungsrechts, des dazugehörigen Verfahrensrechts sowie Kenntnisse auf den Gebieten der Personen- und Vermögenssorge
- Kenntnisse des sozialrechtlichen Unterstützungssystems
- Kenntnisse der Kommunikation mit Personen mit Erkrankungen und Behinderungen und von Methoden zur Unterstützung bei der Entscheidungsfindung

Der genaue Umfang der Sachkunde wird in § 3 BtRegV und der zugehörigen Anlage (elf Module) genauer umschrieben. Sie kann nach § 4 BtRegV nachgewiesen werden durch:

- ein Zeugnis über den erfolgreichen Abschluss eines anerkannten Studien-, Aus- oder Weiterbildungsgangs
- ein Zeugnis über den erfolgreichen Abschluss eines anerkannten Sachkundelehrgangs
- anderweitige Nachweise

3.2.2 Registrierungsverfahren

Die Registrierung erfolgt auf Antrag, der bei der zuständigen Stammbehörde zu stellen ist, § 24 Abs. 1 Satz 1 BtOG. Stammbehörde ist die Betreuungsbehörde, in deren Zuständigkeitsbereich sich der Sitz des beruflichen Betreuers befindet oder – wenn ein solcher nicht vorhanden ist – dessen Wohnsitz, § 2 Abs. 4 BtOG.

Dem Antrag sind folgende Unterlagen beizufügen:

- ein Führungszeugnis nach § 30 Abs. 5 BZRG, das nicht älter als drei Monate sein soll
- eine Auskunft aus dem zentralen Schuldnerverzeichnis nach § 882b ZPO (www.vollstreckungsportal.de), die nicht älter als drei Monate sein soll
- eine Erklärung, ob ein Insolvenz-, Ermittlungs- oder Strafverfahren anhängig ist
- eine Erklärung, ob in den letzten drei Jahren vor Antragstellung eine Registrierung als Berufsbetreuer versagt, zurückgenommen oder widerrufen wurde
- geeignete Nachweise über den Erwerb der nach § 23 Abs. 1 Nr. 2 und Abs. 3 BtOG erforderlichen Sachkunde

Zudem hat der Antragsteller der Stammbehörde den beabsichtigten zeitlichen Gesamtumfang und die Organisationsstruktur seiner beruflichen Betreuertätigkeit mitzuteilen, § 24 Abs. 1 Satz 3 BtOG. Folgende Angaben sind nach § 11 BtRegV zu erbringen:

- Vorhandensein, Anzahl und Beschäftigungsumfang von Mitarbeitern
- Art und Umfang der Räumlichkeiten, in denen die Tätigkeit ausgeübt wird
- Art und Umfang der Erreichbarkeit

Zur Feststellung der persönlichen Eignung hat die Stammbehörde mit dem Antragsteller ein persönliches Gespräch zu führen, § 24 Abs. 2 BtOG, § 12 BtRegV.

Für jede Registrierung wird gemäß § 24 Abs. 5 BtOG eine Gebühr von 200 EUR erhoben; im Einzelfall kann aus Gründen der Billigkeit von der Erhebung der Gebühr abgesehen werden.

3.2.3 Umwandlung einer ehrenamtlichen in eine berufliche Betreuerstellung

Bis zum 31.12.2022 wurde die Stellung eines „Berufsbetreuers" dadurch erlangt, dass bei der Bestellung die berufliche Führung durch das Gericht festgestellt wurde, § 1908i Abs. 1 Satz 1 i. V. m. § 1836 Abs. 1 Satz 2 BGB (a. F.); nur durch diese Feststellung konnte der Berufsbetreuer eine Vergütung erlangen, § 1 Abs. 2 Satz 1 VBVG (a. F.). Diese Feststellung ist seit dem 1.1.2023 nicht mehr anspruchsbegründend für eine Vergütung, sie erfolgt nur noch deklaratorisch. Der Vergütungsanspruch entsteht nach § 7 VBVG, wenn der Betreuer gemäß § 19 Abs. 2 BtOG registriert ist.

Fraglich ist nun, ob diejenigen Betreuungen, die ein beruflicher Betreuer (noch) ehrenamtlich führt, da eine Feststellung im Bestellungsbeschluss unterblieben ist, automatisch einen Vergütungsanspruch auslösen, wenn er nun registriert ist. Das LG Lübeck hat mit Beschl. v. 7.7.2025 – 7 T 89/24 unter Bezugnahme auf BGH, Beschl. v. 2.10.2024 – XII ZB 216/24, entschieden, dass berufliche Betreuer im Sinne des § 19 Abs. 2 BtOG für Abrechnungszeiträume seit dem 1.1.2023 auch in den nach der früheren Rechtslage ehrenamtlich geführten Betreuungsverfahren die Voraussetzungen für einen Vergütungsanspruch erfüllen. Eine für das Betreuungsverfahren vor dem 1.1.2023 getroffene gerichtliche Anordnung, die Betreuung werde ehrenamtlich geführt, wirke in vergütungsrechtlicher Hinsicht nicht über den 31.12.2022 hinaus. Der berufliche Betreuer sollte sich auf diese Rechtsprechung berufen und einen Vergütungsantrag stellen.

Natürlich ist es möglich, dass ein beruflicher Betreuer bestimmte Fälle ehrenamtlich führen will, beispielsweise für Angehörige. Dies sollte sich bei einer Neubestellung aus dem Bestellungsbeschluss ergeben.

3.3 Vergütungsanspruch

Ist der berufliche Betreuer registriert, hat er einen Anspruch auf eine Vergütung, § 7 Abs. 1 VBVG.

Der Vergütungsanspruch richtet sich grundsätzlich gegen den Betreuten, § 7 Abs. 1 VBVG. Soweit dieser gemäß § 1880 BGB mittellos ist, kann die Vergütung gegen die Staatskasse geltend gemacht werden, § 15 Abs. 1 VBVG.

Im Verfahren über die Festsetzung der pauschalen Betreuervergütung nach § 7 VBVG ist nicht zu überprüfen, ob und in welchem Umfang der Betreuer tätig geworden ist. Die Ausübung einer konkreten Betreuungstätigkeit wird typisierend unterstellt (BGH, Beschl. v. 20.8.2014 – XII ZB 479/12).

3.4 Höhe der Vergütung

Die Berechnung der Vergütung erfolgt nach dem sog. Fallpauschalensystem.

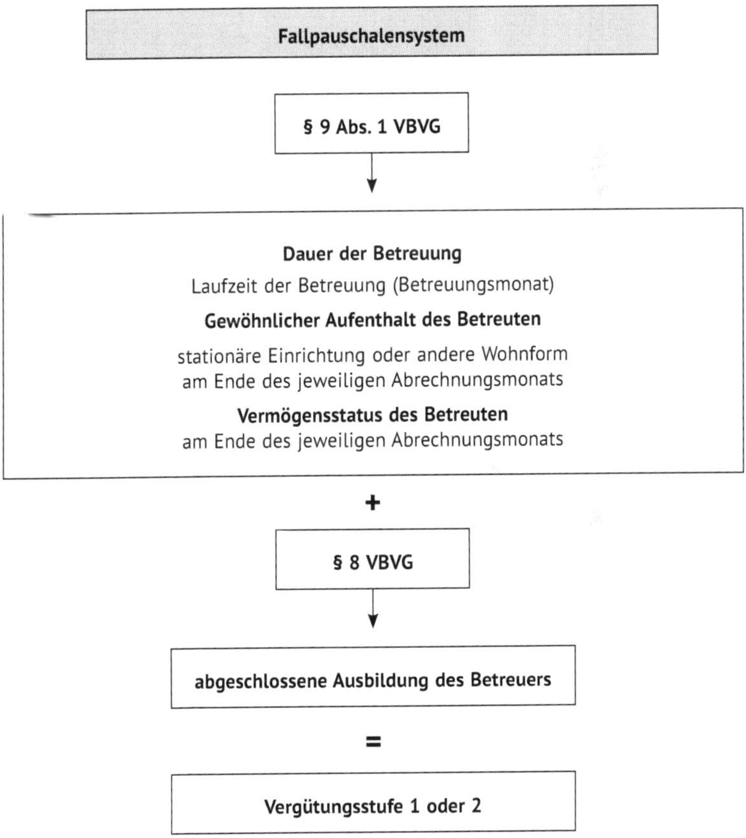

3

Beispiele:

a) A wird am 7.1.2026 wirksam als Betreuer für den Aufgabenkreis „Vermögensverwaltung“ bestellt. Der Betreute lebt im Pflegeheim; er ist vermögend. A hat eine abgeschlossene Lehre als Schreiner und wurde am 26.6.2023 als beruflicher Betreuer durch die zuständige Stammbehörde registriert (§ 24 BtOG). A macht seine Vergütungsansprüche am 10.4.2026 geltend.

Durch die wirksame Registrierung als beruflicher Betreuer hat A einen Anspruch auf Vergütung, § 7 Abs. 1 VBVG i. V. m. § 19 Abs. 2 BtOG.

Die Bestellung ist am 7.1.2026 erfolgt, damit beginnt der erste Abrechnungsmonat am 8.1.2026 (§ 9 Abs. 2 Satz 2 VBVG i. V. m. § 187 Abs. 1 BGB) und endet am 7.2.2026 (§ 188 Abs. 2 Alt. 1 BGB). Die Vergütung wird nach Ablauf von drei Abrechnungsmonaten fällig und kann geltend gemacht werden (§ 14 Abs. 1 VBVG). Die Geltendmachung am 10.4.2026 erfolgt für den Zeitraum vom 8.1. bis zum 7.4.2026.

Der Vergütungsanspruch erfasst die ersten drei Monate der Betreuung (Betreuungsmonate) seit der Bestellung am 7.1.2026 (§ 9 Abs. 2 Satz 1 VBVG).

Der gewöhnliche Aufenthalt des Betreuten befindet sich jeweils am Ende des Abrechnungsmonats (§ 9 Abs. 4 Satz 2 VBVG) in einer stationären Einrichtung (§ 9 Abs. 3 Satz 1 Nr. 1 VBVG).

Der Vermögensstatus am Ende des jeweiligen Abrechnungsmonats ist nicht mittellos im Sinne von § 1880 BGB (§ 9 Abs. 4 Satz 1 VBVG).

Für die Fallpauschale ist § 8 Abs. 1, Abs. 2 Nr. 2 VBVG i. V. m. der Vergütungsstufe 1.1.1.1 heranzuziehen, da der Betreuer über keine abgeschlossene Hochschulausbildung oder vergleichbare Ausbildung verfügt.

Ergebnis: 3 × 233 EUR = 699 EUR

b) B wird am 7.1.2025 wirksam als Betreuer für den Aufgabenkreis „Vermögensverwaltung“ bestellt. Der Betreute lebt im Pflegeheim; er ist vermögend. B hat eine abgeschlossene

Lehre als Schreiner und ist registriert (§ 24 BtOG). B macht seine Vergütungsansprüche am 10.4.2026 für den Zeitraum vom 8.1.2026 bis zum 7.4.2026 geltend.

Die Bestellung ist am 7.1.2025 erfolgt, damit beginnt der erste Abrechnungsmonat am 8.1.2025 (§ 9 Abs. 2 Satz 2 VBVG i. V. m. § 187 Abs. 1 BGB). B macht einen Vergütungsanspruch für das Abrechnungsquartal vom 8.1. bis zum 7.4.2026 geltend, das sind die Abrechnungsmonate 13 bis 15.

Der gewöhnliche Aufenthalt des Betreuten befindet sich jeweils am Ende des Abrechnungsmonats (§ 9 Abs. 4 Satz 2 VBVG) in einer stationären Einrichtung (§ 9 Abs. 3 Satz 1 Nr. 1 VBVG).

Der Vermögensstatus am Ende des jeweiligen Abrechnungsmonats ist nicht mittellos im Sinne von § 1880 BGB (§ 9 Abs. 4 Satz 1 VBVG).

Für die Fallpauschale ist § 8 Abs. 1, Abs. 2 Nr. 2 VBVG i. V. m. der Vergütungsstufe 1.1.1.2 heranzuziehen, da der Betreuer über keine abgeschlossene Hochschulausbildung oder vergleichbare Ausbildung verfügt.

Ergebnis: 3 × 115 EUR = 345 EUR

3

3.5 Dauer der Betreuung

Dauer der Betreuung

Beginn des Abrechnungsmonats

Tag nach wirksamer Bestellung

Betreuerwechsel

Betreuungsmonat und Abrechnungsmonat können differieren

Zeitliche Unterbrechung

Neuanfang Betreuungsmonat – Fortführung

Ende der Betreuungstätigkeit

Tod des Betreuten

Aufhebung der Betreuung

Zeitablauf bei vorläufiger Betreuung

Entlassung des Betreuers

3.5.1 Beginn des Abrechnungsmonats

Die Abrechnungsmonate beginnen am Tag nach der (wirksamen) Bestellung des Betreuers (§ 9 Abs. 2 Satz 2 VBVG i. V. m. § 187 Abs. 1 BGB).

Die Bestellung ist wirksam erfolgt, wenn der gerichtliche Bestellungsbeschluss dem Betreuer bekannt gemacht wurde (in seinen Herrschaftsbereich gelangt ist), § 287 Abs. 1 FamFG. Dies ist unproblematisch, wenn der Beschluss nach den §§ 166 bis 195 ZPO zugestellt wird. Erfolgt die Bekanntgabe durch einfachen Brief, gilt an sich nach § 15 Abs. 2 Satz 2 FamFG der Zugang vier Tage nach Aufgabe zur Post. Allerdings schließt diese Vermutung einen früheren Zugang nicht aus (BGH, Beschl. vom 12.9.2012 – XII ZB 27/12). Macht der Betreuer glaubhaft geltend, dass ihm der Beschluss bereits vor Ablauf der vier Tage zugegangen ist, gilt dieser Zeitpunkt.

Wird der Beschluss elektronisch zugestellt, so gilt nach § 173 Abs. 4 ZPO (anwendbar über § 15 Abs. 2 Satz 1 FamFG) die Zustellung am vierten Tag nach der in der Regel sofort erstellten Eingangsbestätigung (und damit nach Absendung) als zugegangen. In diesem Fall kommt es nicht auf den Zeitpunkt der Zugangsmöglichkeit des Betreuers zu seinem Postfach oder einer tatsächlichen Kenntnisnahme an; auch bei sofortiger Kenntnisnahme beginnt eine nach dem Zustellungsdatum berechnete Frist daher nicht, früher zu laufen (es handelt sich um eine Zugangsfiktion, nicht um eine Zugangsvermutung). Dies gilt nicht, wenn § 173 Abs. 3 i. V. m. Abs. 2 ZPO Anwendung findet.

Wird durch das Gericht die sofortige Wirksamkeit des Bestellungsbeschlusses angeordnet, tritt in der Regel die Wirksamkeit ein, wenn der Bestellungsbeschluss und die Anordnung der sofortigen Wirksamkeit der Geschäftsstelle des Betreuungsgerichts zum Zweck der Bekanntgabe an den Betroffenen oder den Verfahrenspfleger durch den Richter übergeben werden, § 287 Abs. 2 Satz 1 und 2 Nr. 2 FamFG. Dieser Zeitpunkt wird auf dem Beschluss vermerkt, § 287 Abs. 2 Satz 3 FamFG.

Beispiel:

Der Richter erlässt den Bestellungsbeschluss am 20.2.2026 und ordnet gleichzeitig die sofortige Wirksamkeit an. Er übergibt den Bestellungsbeschluss mit der Anordnung der Geschäftsstelle zum Zweck der Bekanntgabe am 21.2.2026 um 10.12 Uhr. Mit dem Zeitpunkt der Übergabe ist der Betreuer wirksam bestellt (§ 287 Abs. 2 Satz 2 Nr. 2 FamFG). Damit beginnt der erste Abrechnungsmonat am 22.2.2026 (§ 9 Abs. 2 Satz 2 VBVG i. V. m. § 187 Abs. 1 BGB) und endet gemäß § 188 Abs. 2 Alt. 1 BGB am 21.3.2026.

Möglich ist auch, dass der Richter dem anwesenden Betreuer den Beschluss durch Verlesen der Beschlussformel bekannt gibt (§ 41 Abs. 2 Satz 1 FamFG); auch dies bewirkt die Wirksamkeit der Betreuerbestellung. Eine bloße Absichtserklärung des Richters gegenüber einer anwesenden Person, sie als Betreuer zu bestellen, schafft aber noch keine wirksame Bestellung. Die telefonische Bekanntgabe der Bestellung an den Betreuer erfüllt auch nicht die Voraussetzungen des § 41 Abs. 2 Satz 1 FamFG, da keine Anwesenheit gegeben ist.

Vorsicht ist geboten, wenn die Wirksamkeit der Betreuerbestellung am Ende eines „kurzen" Monats eintritt.

3

Beispiel:

Wirksamkeit der Betreuerbestellung tritt ein am 28.2.2026. Damit beginnt der erste Abrechnungsmonat am 1.3.2026 (§ 187 Abs. 1 BGB) und endet am 28.3.2026 (§ 188 Abs. 2 Alt. 1 BGB); der zweite Abrechnungsmonat beginnt am 29.3.2026 und endet am 28.4.2026.

Ein weiteres Problem ergibt sich, wenn der nach § 188 Abs. 2 Alt. 1 BGB maßgebende Tag im Folgemonat fehlt. Obwohl keine Verweisung auf § 188 Abs. 3 BGB i. V. m. § 9 Abs. 2 Satz 2 VBVG erfolgt, kann dessen Regelung entsprechend angewendet werden.

Beispiel:

Wirksamkeit der Betreuerbestellung tritt ein am 30.1.2026. Damit beginnt der erste Abrechnungsmonat am 31.1.2026 und endet am 28.2.2026; der zweite Abrechnungsmonat beginnt am 1.3.2026 und endet am 30.3.2026. Der dritte Zeitraum geht vom 31.3. bis zum 30.4.2026; dann vom 1.5. bis zum 30.5.2026 und wieder vom 31.5. bis zum 30.6.2026.

Abrechnungsmonate können in Quartalen abgerechnet werden, da gemäß § 14 Abs. 1 VBVG immer nur nach drei Monaten Fälligkeit eintritt.

Betreuungsmonate beginnen mit der ersten wirksamen Bestellung eines Betreuers im Verfahren. Sie sind für die (Gesamt-)Dauer in den Vergütungsstufen maßgebend.

Für die Zeit vor seiner Bestellung kann ein beruflicher Betreuer auch für solche Tätigkeiten keine Vergütung verlangen, die seiner Bestellung denknotwendig vorgelagert sind, z. B. Beiwohnen der Anhörung des Betroffenen vor der Bestellung (BGH, Beschl. v. 15.1.2020 – XII ZB 627/17).

3.5.2 Änderung von vergütungsrelevanten Umständen

Ändern sich Umstände, die sich auf die Vergütung auswirken, vor Ablauf eines vollen Monats, ist die Fallpauschale zeitanteilig nach

Tagen zu berechnen; § 9 Abs. 4 Satz 3 VBVG; § 187 Abs. 1, § 188 Abs. 1 und § 191 BGB gelten entsprechend. Durch die Verweisung auf § 187 Abs. 1 und § 188 Abs. 1 BGB fällt der Tag der Veränderung noch in die bisherige Frist, der neue Umstand gilt ab dem nächsten Tag.

Allerdings ist zu beachten, dass es für die Bestimmung des Vermögensstatus des Betreuten entscheidend ist, ob der Betreute am Ende des Abrechnungsmonats mittellos nach § 1880 BGB oder vermögend ist, § 9 Abs. 4 Satz 1 VBVG. Hinsichtlich der Bestimmung des gewöhnlichen Aufenthalts ist ebenfalls entscheidend, wo sich der gewöhnliche Aufenthalt am Ende des Abrechnungsmonats befindet, § 9 Abs. 4 Satz 2 VBVG. Diese Umstände nehmen Einfluss auf die Vergütung, jedoch scheidet eine Berechnung nach Tagen aus.

Beispiel:

Der unter die Vergütungsstufe 2 fallende berufliche Betreuer wurde am 20.3.2026 wirksam bestellt. Der vermögende Betreute lebt bis 30.4.2026 in seiner Wohnung und zieht am 1.5.2026 in ein Pflegeheim. Ab 10.5.2026 ist der Betreute mittellos und am 29.6.2026 verstirbt er.

Für die Zeit vom 21.3. bis zum 20.4.2026 erlangt der Betreuer eine Vergütung nach Stufe 2.1.2.1 in Höhe von 427 EUR. Für die Zeit vom 21.4. bis zum 20.5.2026 gilt Stufe 2.1.1.1, da er sich am Ende des zweiten Abrechnungsmonats in einer stationären Einrichtung befindet (§ 9 Abs. 4 Satz 2 VBVG); der Pauschalsatz beträgt 305 EUR. Für die Zeit vom 21.5. bis zum 20.6.2026 gilt Stufe 2.2.1.1, da er am Ende des dritten Abrechnungsmonats mittellos ist (§ 9 Abs. 4 Satz 1 VBVG); der Pauschalsatz beträgt 275 EUR.

Mit dem Tod am 29.6.2026 endet die Betreuung, § 1870 BGB. Der Zeitraum vom 21.6. bis zum 29.6.2023 ist nach Tagen zu berechnen, § 9 Abs. 4 Satz 3 VBVG. Für die neun Tage erlangt der Betreuer eine Vergütung von 9/30 aus 275 EUR, also 82,50 EUR. Der Todestag fällt noch in die Vergütung, § 188 Abs. 1 BGB; der Monat wird mit 30 Tagen berechnet, § 191 BGB.

Durch die Verweisung auf § 191 BGB wird klargestellt, dass der Abrechnungsmonat immer mit 30 Tagen zu rechnen ist, auch wenn der Kalendermonat 28, 29 oder 31 Tage hat. Das bedeutet aber, dass nur der Nenner mit 30 Tagen zu rechnen ist, während im Zähler die tatsächliche Anzahl der Kalendertage berücksichtigt wird (BGH, Beschl. v. 16.6.2021 – XII ZB 208/20). Das kann dazu führen, dass bei der Berechnung von zwei Abrechnungszeiträumen 31/30 entstehen können.

3.5.3 Betreuerwechsel

Die für die Vergütung eines beruflichen Betreuers nach § 9 Abs. 2 VBVG maßgebende Dauer der Betreuung richtet sich auch bei einem Betreuerwechsel nach dem Beginn der ersten angeordneten Betreuung (BGH, Beschl. v. 9.5.2012 – XII ZB 481/11). Das gilt auch für den Wechsel von einem ehrenamtlichen Betreuer zu einem beruflichen Betreuer (BGH, Beschl. v. 11.11.2015 – XII ZB 347/12). Die Erweiterung des Aufgabenkreises des neuen Betreuers führt nicht zu einer Ausnahme von dieser Berechnung.

Nach einem Betreuerwechsel beginnt der Abrechnungszeitraum des neuen Betreuers für die Betreuervergütung mit der Wirksamkeit seiner Bestellung; der Vergütungsanspruch des bisherigen Betreuers endet mit der Wirksamkeit des Entlassungsbeschlusses. Der ausscheidende Betreuer kann seinen Vergütungsanspruch sofort geltend machen, der Dreimonatszeitraum des § 14 Abs. 1 Satz 1 VBVG gilt nicht mehr (BGH, Beschl. v. 10.8.2022 – XII ZB 471/21).

Beispiel:

Der berufliche Betreuer A wird am 15.1.2026 bestellt. Am 6.12.2026 wird er mit Beschluss des Gerichts entlassen; die sofortige Wirksamkeit ist angeordnet und der Beschluss noch an diesem Tag der Geschäftsstelle des Gerichts zur Bekanntgabe zu übergeben. Ebenfalls mit Beschluss vom 6.12.2026 wird der neue berufliche Betreuer B bestellt, die Beschlussausfertigung wird ihm am 10.12.2026 zugestellt. Beide Betreuer können die Vergütungsstufe 2 geltend machen; der Betreute ist vermögend und lebt in seiner Mietwohnung.

A kann von 16.1.2026 bis 06.12.2026 abrechnen:

16.1.2026 bis 15.4.2026 (3 × 427 EUR)	1.281,00 EUR
16.4.2026 bis 15.7.2026 (3 × 427 EUR)	1.281,00 EUR
16.7.2026 bis 15.10.2026 (3 × 427 EUR)	1.281,00 EUR
16.10.2026 bis 15.11.2026 (1 × 427 EUR)	427,00 EUR

16.11.2026 bis 6.12.2026 (21 Tage) = 21/30 aus 427 EUR		298,90 EUR

B kann von 11.12.2026 bis 10.03.2027 abrechnen:

11.12.2026 bis 10.1.2027		427,00 EUR
11.1.2027 bis 15.1.2027 (5 Tage)	= 5/30 aus 427 EUR	71,17 EUR
16.1.2027 bis 10.2.2027 (26 Tage)	= 26/30 aus 250 EUR	216,67 EUR
11.2.2027 bis 10.3.2027		250,00 EUR

Hinweis: Ab dem 16.1.2027 befindet sich die Betreuung im 13. Monat.

Bei einem Betreuerwechsel während eines laufenden Abrechnungsmonats berechnet sich die Vergütung des ausscheidenden Betreuers zeitanteilig nach Tagen bis zur Beendigung der Betreuung. Maßgeblich für die Beendigung ist dabei nicht der Zeitpunkt der Rechtskraft, sondern der Zeitpunkt der Wirksamkeit der Entscheidung über den Betreuerwechsel (BGH, Beschl. v. 16.3.2022 – XII ZB 248/21).

Vorläufige und endgültige Betreuung bilden eine Einheit. Wurde im einstweiligen Anordnungsverfahren ein vorläufiger Betreuer bestellt und geht das Verfahren in eine endgültige Betreuung über, ist die Bestellung des vorläufigen Betreuers maßgebend (bei der Entstehung von zeitlichen Lücken siehe Ziff. 3.5.4).

Bei einem Betreuerwechsel fallen der sog. Betreuungsmonat (Rhythmus ab Bestellung des ersten Betreuers) und der Abrechnungsmonat des neuen Betreuers auseinander. Dies erfordert unter Umständen bis zum Erreichen des 13. Monats (ab der ersten Bestellung) eine taggenaue Abrechnung für die Übergangszeiträume. Anschließend treten keine Veränderungen mehr ein (siehe die Vergütungstabellen).

Hinweise:

- Der für die Vergütungshöhe maßgebliche Betreuungsmonat ergibt sich ab dem Tag nach der ersten Bestellung eines Betreuers.

- Der Abrechnungsmonat des neuen Betreuers beginnt am Tag nach seiner wirksamen Bestellung.

3.5.4 Zeitliche Unterbrechung

Fraglich ist, ob es sich vergütungsrechtlich bei zeitlichen Lücken in der Betreuung für den Betreuer um einen Neuanfang oder eine Fortführung handelt. Es gibt Fälle, in denen für einen Betroffenen eine Betreuung aufgehoben und kurze Zeit später wieder ein Betreuer bestellt wird. Hier ist im Einzelfall zu klären, ob es sich jeweils wieder um eine Erstbetreuung mit der Folge der erhöhten Anfangsvergütung handelt. Eine ausdrückliche gesetzliche Regelung wurde hierfür nicht getroffen. Nach dem BGH (Beschl. v. 6.5.2020 – XII ZB 534/19) ist grundsätzlich von einem vergütungsrechtlichen Neubeginn auszugehen.

In der Praxis kommen häufig Fälle vor, in denen eine vorläufige Betreuung durch Zeitablauf endet (§ 302 FamFG), die Bestellung eines endgültigen Betreuers aber erst nach einiger Zeit erfolgt.

Zunächst ist zu beachten, dass für den Zeitraum, der zwischen dem Ablauf einer vorläufigen Betreuung und der Betreuerbestellung in der Hauptsache liegt, kein Vergütungsanspruch in Betracht kommt, auch wenn der Betreuer in dieser Zeit tätig geworden ist (BGH, Beschl. v. 2.3.2016 – XII ZB 196/13).

Beginn des Vergütungszeitraums (Betreuungsmonat) ist die Wirksamkeit der Anordnung der vorläufigen Betreuung, auch in Bezug auf die endgültige Betreuung, jedoch nur, wenn sich das Hauptverfahren unmittelbar an die einstweilige Anordnung anschließt. Entsteht zwischen dem Ablauf der vorläufigen Betreuung (§ 302 BGB) und der endgültigen Bestellung eines Betreuers eine Lücke, wird vergütungsrechtlich in der Regel das endgültige Betreuungsverfahren als Neubeginn gewertet (BGH, Beschl. v. 6.5.2020 – XII ZB 534/19).

3.5.5 Erweiterung des Aufgabenkreises

Da das Pauschalierungssystem von den Aufgabenbereichen unabhängig ist, schafft auch eine Erweiterung der Aufgabenkreise keinen „Neubeginn". Es gilt der zum Zeitpunkt der Erweiterung erreichte Pauschalsatz fort (BGH, Beschl. v. 9.5.2012 – XII ZB 481/11).

3.5.6 Ende der Betreuung

Mit der Beendigung der Betreuung endet auch der Vergütungsanspruch des beruflichen Betreuers.

Die Betreuung endet entweder mit dem Tod des Betreuten oder durch gerichtliche Aufhebung, § 1870 BGB. Zur Wirksamkeit des Aufhebungsbeschlusses siehe Ziff. 3.5.1.

Erst die wirksame Aufhebung der Betreuung, das Ende der Betreuung durch den Tod des Betreuten oder der Fristablauf bei einer vorläufigen Betreuung stellt eine Veränderung der Umstände dar, die dazu führt, dass der Betreuer keine Vergütung mehr erhält. Dabei ist es im Rahmen des pauschalierten Vergütungssystems hinzunehmen, dass der Betreuer die pauschale Vergütung auch für den Zeitraum erhält, in dem die Betreuungsbedürftigkeit möglicherweise nicht mehr besteht, eine gerichtliche Entscheidung darüber aber noch nicht ergangen ist (BGH, Beschl. v. 14.12.2011 – XII ZB 489/10). Der letzte laufende Monat ist gemäß § 9 Abs. 4 Satz 3 VBVG tageweise zu rechnen.

Die Betreuung und damit der Vergütungsanspruch enden mit dem Tod des Betreuten, auch wenn der Betreuer erst später davon Kenntnis erlangt. Ist er in Unkenntnis des Todes des Betroffenen zunächst weiter tätig geworden, hat er allenfalls in analoger Anwendung von § 11 Abs. 1 i. V. m. § 3 VBVG einen Anspruch auf eine Stundensatzvergütung und nicht auf eine Pauschalvergütung nach den §§ 8 und 9 VBVG (BGH, Beschl. v. 6.4.2016 – XII ZB 83/14).

Beispiel:

Der Betreuer wird am 3.9.2026 bestellt; der Betreute stirbt am 16.11.2026. Er lebte im Pflegeheim und war mittellos; der Betreuer fällt unter die Vergütungsstufe 2.

4.9. bis 3.10.2026	(Stufe 2.2.1.1)	275,00 EUR
4.10. bis 3.11.2026		275,00 EUR
4.11. bis 16.11.2026	= 13/30 aus 275,00 EUR	119,17 EUR

Für die Feststellung der Mittellosigkeit beim Tod des Betreuten kommt es auf das lebzeitige Schonvermögen an. Für die Frage, wer zahlen muss, ist die Rechtslage nach dem Tod maßgebend (§ 1881 Satz 2 BGB).

3

Beispiel:

Beim Tod des Betreuten verwaltet der Betreuer ein Kontovermögen von 3.000 EUR und eine Eigentumswohnung, die der Betreute bis zum Tod selbst bewohnt hat.

Für die Berechnung der Vergütung gilt der (verstorbene) Betreute als mittellos (Kontenvermögen unter 10.000 EUR; Eigentumswohnung bleibt unberücksichtigt, § 90 Abs. 2 Nr. 8 und 9 SGB XII). Da nach dem Tod die Freistellung der Eigentumswohnung entfällt, hat der Erbe die Vergütungsforderung zu erfüllen.

Problematisch kann der Fall sein, wenn der Betreute tot aufgefunden wird und der Pathologe z. B. angibt, der Tod sei zwischen dem 20.8. und dem 12.10.2026 eingetreten. Hier kann die Vergütung grundsätzlich nur bis zum früheren Zeitpunkt erlangt werden (streitig), solange nicht ein Verfahren zur Feststellung der Todeszeit nach §§ 39 ff. VerschG einen anderen Todeszeitpunkt festlegt.

Wird ein Betreuer (nur) mit einem bestimmten Aufgabenkreis bestellt, endet die für seinen pauschalen Vergütungsanspruch maßgebliche Zeitspanne nicht bereits mit der Anzeige des Betreuers, dass der Aufgabenkreis abgeschlossen ist, sondern gemäß § 1870 BGB erst mit der Aufhebung der Betreuung durch das Gericht. Der Rechtspfleger ist nicht befugt, im Vergütungsfestsetzungsverfahren festzustellen, dass die Aufhebung früher hätte erfolgen können (BGH, Beschl. v. 7.8.2013 – XII ZB 233/13).

Nach der Beendigung anfallende Tätigkeiten des Betreuers (z. B. Schlussabrechnung und Vermögensherausgabe) werden grundsätzlich nicht mehr gesondert vergütet, sondern sind mit der Pauschalvergütung abgegolten (unter anderem OLG Dresden, Beschl. v. 23.1.2006 – 3 W 1523/05; OLG München, Beschl. v. 9.8.2006 – 33 Wx 249/05).

Soweit der Betreuer nach dem Tod des Betroffenen (über die Abwicklung hinaus) Geschäfte besorgt, die nicht ohne Gefahr aufgeschoben werden können, bis der Erbe anderweitig Fürsorge treffen kann (§ 1874 Abs. 2 BGB), sind diese Tätigkeiten zu vergüten. Allerdings kann eine solche Notgeschäftsführung keine Pauschalvergütung gemäß §§ 8 und 9 VBVG auslösen. In Analogie zu § 11 VBVG können solche Aktivitäten (ähnlich wie Tätigkeiten eines Betreuers wegen rechtlicher Verhinderung, der ebenfalls nur einen sehr begrenzten Aufgabenkreis hat) aufgrund eines detaillierten Nachweises der Voraussetzungen nach konkretem Aufwand vergütet werden (vgl. OLG Dresden und OLG München jeweils a. a. O.).

Die Tätigkeiten nach § 1874 Abs. 1 und 2 BGB werden stundenweise abgerechnet, § 11 Abs. 1 Satz 1 VBVG (analog) i. V. m. § 3 Abs. 1 VBVG; sie betragen entweder 26,00 EUR, 33,00 EUR oder 44,00 EUR. Daneben können Auslagen geltend gemacht werden, § 11 Abs. 1 Satz 2 (analog) i. V. m. § 1877 Abs. 1 BGB.

3.5.7 Fälligkeit der (Pauschal-)Vergütung

Die Fallpauschalen des § 9 VBVG entstehen mit Erbringung der Leistung des Betreuers und zwar grundsätzlich jeweils am Ende eines Abrechnungsmonats.

Fällig wird der Anspruch auf die Fallpauschalen gemäß § 14 Abs. 1 Satz 1 VBVG nach Ablauf von drei Monaten. Früher kann er nicht geltend gemacht werden, außer es kommt vorher zur Beendigung des Betreueramts. Für den Anspruch auf Vergütung und Aufwendungsersatz nach §§ 11 und 12 Abs. 2 VBVG gilt dies nicht (§ 14 Abs. 1 Satz 2 VBVG).

Die Vergütungspauschale kann in jeweils Dreimonatsschritten (nach drei, sechs, neun oder zwölf Monaten) geltend gemacht werden; das Erlöschen gemäß § 15 Abs. 3 VBVG ist zu beachten.

Durch die vorgegebenen Abrechnungszeiträume nach § 14 Abs. 1 Satz 1 VBVG kommen Abschlagszahlungen nicht in Betracht; eine dem § 3 Abs. 4 VBVG entsprechende Vorschrift gibt es in der Betreuung nicht.

3.5.8 Vergütung für zukünftige Zeiträume

Der Betreuer kann, wenn eine Veränderung der für die Höhe der Vergütung maßgeblichen Kriterien des § 9 Abs. 1 Nr. 2 und 3 VBVG (Veränderung des gewöhnlichen Aufenthalts oder des Vermögensstatus) nicht zu erwarten ist, die Festsetzung der Vergütung auch für zukünftige Zeiträume nach § 292 Abs. 2 Satz 1 FamFG beantragen.

Ergeht der Dauervergütungsbeschluss, kann er in Dreimonatsabständen seine Vergütung dem Vermögen des Betreuten entnehmen oder aus der Staatskasse überwiesen bekommen.

Die Dauervergütungsfestsetzung ist für die Fälle vorgesehen, in denen sich prognostisch nichts ändern dürfte. Sollte in Ausnahmefällen eine Überzahlung erfolgen, kann dies über das Verfahren der Rückforderung oder Verrechnung ausgeglichen werden. Im Übrigen sind Änderungen der Kriterien des § 9 Abs. 1 VBVG unverzüglich dem Betreuungsgericht mitzuteilen (zum Festsetzungsverfahren siehe Ziff. 7.2.4).

3.5.9 Erlöschen und Verzinsung

Das Erlöschen des Vergütungsanspruchs ist in § 15 Abs. 3 VBVG geregelt. Er erlischt, wenn er nicht binnen 15 Monaten nach seiner Entstehung beim Betreuungsgericht geltend gemacht wird. Die Geltendmachung des Anspruchs beim Betreuungsgericht gilt dabei auch als Geltendmachung gegenüber dem Betreuten, § 15 Abs. 3 Satz 2 VBVG i. V. m. § 1877 Abs. 2 Satz 2 BGB.

Der beim Betreuungsgericht gestellte Antrag auf Festsetzung einer Vergütung aus dem Vermögen des Betroffenen wahrt die Ausschlussfrist des § 15 Abs. 3 VBVG auch für einen späteren Antrag auf Festsetzung gegen die Staatskasse (unter anderem OLG Hamm, Beschl. v. 6.11.2006 – 15 W 328/06). Es gibt keine Vorschrift, in welcher Form Vergütungsansprüche angemeldet werden müssen, um die Frist zu wahren, jedoch genügt eine pauschale Anmeldung dem Grunde nach nicht als ordnungsgemäße Geltendmachung (BGH, Beschl. v. 24.10.2012 – IV ZB 13/12).

Die Ausschlussfrist des § 15 Abs. 3 VBVG zur Geltendmachung der Betreuervergütung beginnt für den Anspruch auf pauschale Vergütung (§ 9 VBVG) zu dem Zeitpunkt, in dem der Anspruch gemäß § 14 Abs. 1 VBVG erstmals geltend gemacht werden kann, somit am Ende des jeweiligen Betreuungsquartals (BGH, Beschl. v. 13.3.2013 – XII ZB 26/12).

Beispiel:

Die Vergütung für den Zeitraum vom 20.8. bis zum 19.11.2025 muss bis spätestens 19.2.2027 gegenüber dem Betreuungsgericht oder dem Betreuten geltend gemacht werden.

Eine Wiedereinsetzung in den vorigen Stand bei Fristversäumnis findet nicht statt; das Betreuungsgericht ist im Regelfall nicht gehalten, auf den Ablauf der Frist oder die damit verbundenen Rechtsfolgen hinzuweisen (BayObLG, Beschl. v. 4.2.2004 – 3Z BR 270/03).

Gemäß § 15 Abs. 3 Satz 2 VBVG i. V. m. § 1877 Abs. 5 BGB kann das Betreuungsgericht dem Betreuer eine von 15 Monaten abweichende Frist von mindestens zwei Monaten bestimmen. In der Fristbestimmung wird der Betreuer über die Folgen der Versäumung der Frist belehrt. Möglich ist auch eine Verlängerung der Ausschlussfrist.

Ob eine Verzinsung des Vergütungsanspruchs möglich ist, wird in der Rechtsprechung unterschiedlich gesehen. Positiv beurteilt den Verzinsungsanspruch das BayObLG (Beschl. v. 19.10.2001 – 3Z BR 216/01). Es führt aus, dass Zinsen grundsätzlich nur auf der Grundlage der Vorschriften der §§ 288 und 291 BGB verlangt werden können, was einen Verzug des Vergütungsschuldners (Betreuter bzw. Staatskasse) voraussetzt. Frühestens in dem mit Bekanntmachung wirksam werdenden (§ 40 Abs. 1 FamFG) Festsetzungsbeschluss des Betreuungsgerichts liegt eine hinreichend konkrete Aufforderung an den Vergütungsschuldner zur Zahlung. Aus § 291 BGB kann eine Verzinsungspflicht aber frühestens ab Rechtskraft des Festsetzungsbeschlusses hergeleitet werden; ein Anspruch ab Antragstellung scheidet aus. Dies bestätigen unter anderem das OLG Hamm (Beschl. v. 12.11.2002 – 15 W 150/02) und das OLG Rostock (Beschl. v. 1.3.2007 – 3 W 144/05). Gegen eine Verzinsung der Vergütung spricht sich unter anderem das OLG Celle (Beschl. v. 11.3.2002 – 10 W 1/02) aus.

3.6 Gewöhnlicher Aufenthalt des Betreuten

§ 9 Abs. 3 VBVG unterscheidet den Aufenthaltsort des Betreuten nach:

- stationären Einrichtungen
- anderen Wohnformen

Ist im Einzelfall zweifelhaft, welcher für das Vergütungsrecht maßgeblichen Wohnform der gewöhnliche Aufenthalt eines Betroffenen entspricht, ist eine teleologische Auslegung erforderlich (LG Münster, Beschl. v. 4.9.2023 – 5 T 374/23).

3.6.1 Stationäre Einrichtungen

Nach § 9 Abs. 3 Satz 2 VBVG sind stationäre Einrichtungen:

Einrichtungen, die dem Zweck dienen, Volljährige aufzunehmen, ihnen Wohnraum zu überlassen sowie mit der Wohnraumüberlassung verpflichtend Pflege- oder sonstige Unterstützungsleistungen mit umfassendem Versorgungscharakter zur Verfügung zu stellen oder vorzuhalten, und die in ihrem Bestand von Wechsel sowie Zahl der Bewohner unabhängig sind und entgeltlich betrieben werden.

In der BT-Drucks. 20/14259, S. 29, wird zunächst auf die Entscheidung des BGH (Beschl. v. 31.7.2024 – XII ZB 117/24) verwiesen, in der festgestellt wird, dass Einrichtungen, die den Begriff eines Heims im Sinne des früheren Heimgesetzes erfüllen, den Kriterien einer stationären Einrichtung im vergütungsrechtlichen Sinn voll entsprechen.

Der BGH stellt in der Entscheidung unter anderem auch fest, dass für die Auslegung, welche Wohnform vorliegt, entscheidend ist, ob die in der Einrichtung angebotenen Versorgungs- und Pflegeleistungen generell dazu geeignet sind, einem Betreuer die Organisation des Lebens des Betreuten im Wesentlichen abzunehmen. Maßgeblich nach Sinn und Zweck für das Unterscheidungskriterium der Wohnform in den vergütungsrechtlichen Regelungen ist unter anderem, dass ein Betreuer einen geringeren Aufwand hat, wenn er sich dank der in der Einrichtung zur Verfügung stehenden „Rund-um-die-Uhr-Versorgung" nicht (mehr) um die täglichen Verrichtungen des Betreuten – ob sozial oder pflegerisch – bemühen muss.

Stationäre Einrichtungen dienen unter anderem dem Zweck, mit der Wohnraumüberlassung verpflichtend Pflege- oder sonstige Unterstützungsleistungen mit umfassendem Versorgungscharakter zur Verfügung zu stellen oder vorzuhalten. Der Einrichtungsträger übernimmt eine umfassende, von der aktuellen Situation der betreuten Person unabhängige Versorgungsgarantie gegenüber den Bewohnern der Einrichtung. Dies setzt insbesondere voraus, dass die Einrichtung über eine geschulte Leitung und ausgebildetes Pflegepersonal verfügt, da nur dann davon auszugehen ist, dass der eigene Organisationsaufwand des Betreuers entsprechend geringer ausfällt. Es genügt grundsätzlich eine generelle Betrachtung der betreffenden Einrichtung. Diese ist eine stationäre Einrichtung im vergütungsrechtlichen Sinne, wenn die in ihr angebotenen Versorgungs- und Pflegeleistungen generell dazu geeignet sind, einem Betreuer die Organisation des Lebens des Betreuten im Wesentlichen abzunehmen. Dabei ist es nicht erforderlich, dass alle Bewohner

– oder gerade die betreute Person – die bereitgestellten Leistungen auch tatsächlich in Anspruch nehmen.

Ob die in der Einrichtung angebotenen Leistungen den Begriff der „tatsächlichen Betreuung und Pflege" erfüllen, ist nach dem Sinn und Zweck der Vergütungsregelungen für berufsmäßige Betreuer zu beurteilen.

Einer stationären Einrichtung steht grundsätzlich nicht entgegen, dass sie keine medizinischen Leistungen (z. B. ärztlich verordnetes Wundmanagement, Krankengymnastik oder Physiotherapie) anbietet (anbieten kann). Maßgebend ist die Erbringung oder Vorhaltung tatsächlicher Betreuung und Pflege (LG Traunstein, Beschl. v. 22.12.2023 – 4 T 2133/23).

Die geschlossene Abteilung eines psychiatrischen Krankenhauses stellt eine stationäre Einrichtung im Sinne des § 9 Abs. 3 Satz 1 Nr. 1 VBVG dar. Zwar mag ein Krankenhaus nach dem allgemeinen Sprachgebrauch nicht in erster Linie dazu bestimmt sein, seinen Patienten „Wohnraum" zu überlassen. Gleichwohl wird den Patienten für die Dauer ihres Aufenthalts neben der eigentlichen Heilbehandlung und Pflege rein tatsächlich auch eine Unterkunft gewährt (BGH, Beschl. v. 14.8.2024 – XII ZB 440/23).

Eine Obdachloseneinrichtung kann als Heim im Sinne von § 9 Abs. 3 VBVG eingestuft werden, wenn neben der Unterkunft eine umfassende tatsächliche Betreuung vorgehalten wird (Vollverpflegung und Rundum-Versorgung); LG Bad Kreuznach, Beschl. v. 17.5.2017 – 1 T 23/1.

3.6.2 Ambulant betreute Wohnformen

Lebt der Betroffene in einer ambulant betreuten Einrichtung der Eingliederungshilfe (SGB IX), in der er verpflichtet ist, behandlungspflegerische Leistungen, die über einfache ärztlich verordnete behandlungspflegerische Maßnahmen hinausgehen, auf eigene Kosten durch externe Dienstleister zu decken, hat er seinen gewöhnlichen Aufenthalt auch dann nicht in einer stationären Einrichtung oder dieser gleichgestellten ambulant betreuten Wohnform, wenn der Schwerpunkt der angebotenen Leistungen nicht im Bereich der Behandlungspflege liegt (BGH, Beschl. v. 29.6.2022 – XII ZB 480/21).

Leben geistig behinderte Betreute in einer von der Lebenshilfe ambulant betreuten Wohngemeinschaft (mit flexiblen Hilfen), ist eine gleichgestellte Einrichtung anzunehmen, wenn die Betreuung der Bewohner durch die Mitarbeiter der Lebenshilfe erfolgt und zudem auch die Organisation und Auswahl externer Anbieter von Betreuungsleistungen, z. B. externe Alltagsbegleiter, und eine freie Wählbarkeit externer Betreuungsleistungen nicht besteht. Dass neben den Hilfeleistungen des Trägers der Einrichtung zur Versorgung der ambulant betreuten Wohnform noch Leistungen anderer Anbieter, etwa Reinigungsarbeiten und eine Pflegeperson zur Alltagsbegleitung, in notwendiger Absprache mit der Einrichtung hinzugenommen werden, ändert die Organisationsstruktur nicht (LG Heilbronn, Beschl. v. 15.4.2020 – 1 T 36/20).

Lebt der Betroffene mit seinem Kind in einer gemeinsamen Wohnform für Mütter/Väter und Kinder nach § 19 SGB VIII, in der im Wesentlichen nur pädagogische Unterstützungsleistungen angeboten werden, so hält sie sich grundsätzlich noch nicht in einer stationären Einrichtung oder einer gleichgestellten ambulant betreuten Wohnform auf (BGH, Beschl. v. 5.5.2021 – XII ZB 576/20). Es handelt sich nicht um eine gleichgestellte ambulant betreute Wohnform, wenn von dem Träger der Einrichtung tatsächliche Betreuung oder Pflege nicht in dem Maß zur Verfügung gestellt oder vorgehalten wird, dass dem Betreuer die Organisation des Lebens der Betreuten im Wesentlichen abgenommen wird (BGB, Beschl. v. 5.5.2021 – XII ZB 581/20).

3.6.3 Gewöhnlicher Aufenthalt

Den gewöhnlichen Aufenthalt gemäß § 9 Abs. 1 Nr. 2 VBVG hat jemand dort, wo er sich unter Umständen aufhält, die erkennen lassen, dass er an diesem Ort oder in diesem Gebiet nicht nur vorübergehend verweilt. Es handelt sich um den Ort, an dem eine Person sozial integriert ist und ihren auf längere Zeit angelegten tatsächlichen Lebensmittelpunkt hat. Auf den Willen, den Aufenthaltsort zum Mittelpunkt oder Schwerpunkt der Lebensverhältnisse zu machen, kommt es nicht an. Entscheidend sind vielmehr die tatsächlichen Verhältnisse. Die für einen gewöhnlichen Aufenthalt erforderliche Dauer ist unter Berücksichtigung des jeweiligen Normzwecks nach den Umständen des Einzelfalles zu bestimmen. Dabei ist der Zweck der Vorschrift, nämlich die Gewährung einer geringeren Vergütung für einen geringeren Betreuungsaufwand bei einem Aufenthalt des Betreuten in einer Einrichtung, mit zu berücksichtigen.

In der Untersuchungshaft begründet der Betroffene regelmäßig keinen gewöhnlichen Aufenthalt (BGH, Beschl. v. 26.3.2014 – XII ZB 256/13). Anders verhält es sich bei einer Strafhaft. Der Betroffene hat dort wegen der Dauer der Inhaftierung (zumindest bei einer längeren Strafe) seinen Lebensmittelpunkt und damit auch seinen gewöhnlichen Aufenthalt. Darauf, ob dies seinem Willen entspricht, kommt es ebenso wenig an wie auf den Umstand, dass er die bereits vor seiner Inhaftierung angemietete Wohnung nicht gekündigt und dort auch seine Hafturlaube verbracht hat. Entgegen einer verbreiteten Meinung in Literatur und Rechtsprechung ist es während der Verbüßung einer längeren Strafhaft nicht möglich, dass der Betreute neben seinem Lebensmittelpunkt in der Vollzugsanstalt einen anderen tatsächlichen Lebensmittelpunkt hat. Denn der Gefangene verbringt die weit überwiegende Zeit in der Vollzugsanstalt, empfängt dort seine Besucher und unterhält dort seine sozialen Kontakte. Deshalb ist es auch unerheblich, ob der Betreute nach Verbüßung einer längeren Strafhaft über eine konkrete Rückkehrmöglichkeit, beispielsweise in eine weiterhin angemietete Wohnung, verfügt. Denn die bloße Möglichkeit der späteren Rückkehr hat keine Auswirkung auf den aktuellen tatsächlichen Aufenthalt des Betreuten in der Justizvollzugsanstalt (BGH, Beschl. v. 14.12.2011 – XII ZB 521/10).

Im Einzelfall kann auch bei einer mehr als zwei Jahre dauernden Unterbringung in einer psychiatrischen Einrichtung der gewöhnliche Aufenthalt nicht in der Einrichtung begründet sein. Die geschlossene Unterbringung, deren Fortdauer der Betreuer, ggf. nach ärztlicher Beratung, jederzeit beenden kann, geben dem Aufenthalt in einer psychiatrischen Einrichtung trotz ihrer Dauer das Gepräge eines vorübergehenden Aufenthalts ohne nachhaltige soziale Integration (LG Freiburg, Beschl. v. 18.5.2015 – 4 T 259/14).

Es ist nicht generell ausgeschlossen, dass ein zivilrechtlich untergebrachter Betroffener seinen gewöhnlichen Aufenthalt in der geschlossenen Abteilung eines psychiatrischen Krankenhauses hat. Voraussetzung hierfür ist jedoch, dass der Aufenthalt erkennbar auf längere Zeit und nicht lediglich auf einen vorübergehenden Verbleib zu Behandlungszwecken ohne nachhaltige soziale Integration angelegt ist, was nur in besonderen Ausnahmefällen angenommen werden kann (BGH, Beschl. v. 14.8.2024 – XII ZB 440/23).

Ein Krankenhausaufenthalt zur Akutbehandlung (hier Schädel-Hirn-Verletzung), der mehrere Monate dauert, begründet keinen gewöhnlichen Aufenthalt. Das gilt auch dann, wenn im Anschluss an die Krankenhausbehandlung eine Aufnahme in ein Pflegeheim erfolgen musste (LG Nürnberg-Fürth, Beschl. v. 3.1.2007 – 13 T 10026/06). Krankenhaus und Rehaklinik sind regelmäßig vorübergehend, dies trifft auch bei einer Kurzzeitpflege zu.

Die Aufnahme in ein Pflegeheim begründet einen gewöhnlichen Aufenthalt, wenn eine Rückkehr in ein selbstständiges Wohnen unwahrscheinlich ist und spätestens dann, wenn die Auflösung des Mietverhältnisses gerichtlich genehmigt und erfolgt ist. Der gewöhnliche Aufenthalt kann auch schon dann in einem Pflegeheim begründet werden, wenn über den Antrag auf Genehmigung der Wohnungskündigung noch nicht entschieden wurde. Entscheidend ist, ob die Heimunterbringung voraussichtlich dauerhaft sein wird und eine Entlassung in voraussehbarer Zeit nicht (mehr) zu erwarten ist (LG Hamburg, Beschl. v. 3.7.2023 – 322 T 41/23).

3.6.4 Wechsel des gewöhnlichen Aufenthalts

Bei einem Wechsel des gewöhnlichen Aufenthalts verändern sich die monatlichen Pauschalsätze der Vergütungsstufen 1 und 2. Unterschieden wird zwischen stationärer Einrichtung und anderer Wohnform. Hinsichtlich der Bestimmung des gewöhnlichen Aufenthalts ist entscheidend, wo dieser am Ende des Abrechnungsmonats liegt, § 9 Abs. 4 Satz 2 VBVG. Es werden weder Rumpfmonate gebildet, noch erfolgt eine Berechnung nach Tagen.

Beispiel:

B ist als beruflicher Betreuer wirksam am 3.2.2026 bestellt, er fällt in die Vergütungsstufe 2. Der Betreute ist nicht mittellos und lebt in einer Mietwohnung. Am 1.4.2026 wird er in einem Pflegeheim aufgenommen.

Vergütungsberechnung:

4.2. bis 3.3.2026	2.1.2.1	427 EUR
4.3. bis 3.4.2026	2.1.1.1	305 EUR

(am Ende des Abrechnungsmonats befindet sich der Betreute bereits in einer stationären Einrichtung, § 9 Abs. 4 Satz 2 VBVG)

4.4. bis 3.5.2026	2.1.1.1	305 EUR

3.7 Vermögensstatus

§ 9 Abs. 4 VBVG stellt klar, dass hinsichtlich der Bestimmung des Vermögensstatus des Betreuten entscheidend ist, ob am Ende des Abrechnungsmonats Vermögen oder Mittellosigkeit vorliegt; eine zeitanteilige Berechnung nach Tagen findet nicht statt.

3.7.1 Auswirkungen des Vermögensstatus

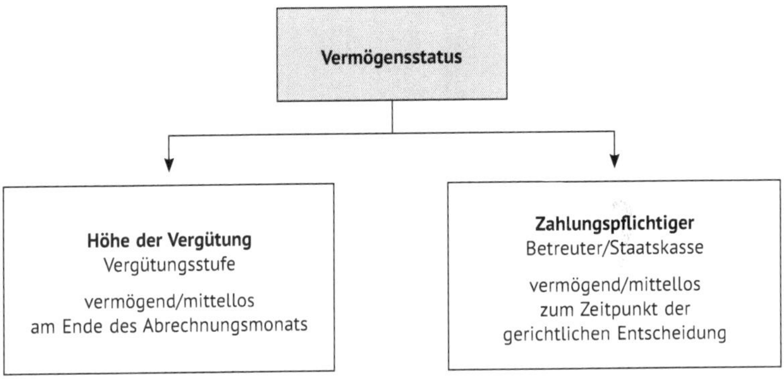

Die Unterscheidung des mittellosen vom vermögenden Betreuten ist zunächst für die Bestimmung der monatlichen Pauschale nach den Vergütungsstufen (Anlage zu § 8 Abs. 1 VBVG) von Bedeutung. Darüber hinaus regelt der Vermögensstatus auch die Frage, ob die Festsetzung gegen das Betreutenvermögen oder die Staatskasse zu erfolgen hat.

Für die Feststellung des Zahlungspflichtigen (Betreuter oder Staatskasse) ist auf den Tag der letzten Tatsachenentscheidung im Festsetzungsverfahren abzustellen. Für die Höhe der monatlichen Fallpauschale (Anlage zu § 8 Abs. 1 VBVG) kommt es darauf an, ob der Betreute am Ende des jeweiligen Abrechnungsmonats vermögend oder mittellos ist. Die Einstufung in die Fallpauschale ist für jeden Abrechnungsmonat einheitlich zu beurteilen, wobei es entscheidend auf die finanzielle Situation des Betreuten am Ende des Abrechnungsmonats ankommt (§ 9 Abs. 4 Satz 1 VBVG).

Beispiel:

Der Abrechnungszeitraum geht vom 10.6. bis zum 9.9. Der Vermögensstand am 10.6. beträgt 8.000 EUR. Am 1.8. erhält der Betreute eine Versicherungsleistung in Höhe von 4.000 EUR überwiesen. Am 1.10. musste eine Zahlung in Höhe von 3.000 EUR auf eine bestehende Forderung erbracht werden. Antrag auf Festsetzung der Vergütung erfolgt durch den Betreuer am 15.9., die gerichtliche Festsetzungsentscheidung ergeht am 5.10.

9.7.: Betreutenvermögen	8.000 EUR
9.8.: Betreutenvermögen	12.000 EUR
9.9.: Betreutenvermögen	12.000 EUR

Der Zeitraum vom 10.6. bis zum 9.7. ist mittellos zu vergüten (8.000 EUR). Die Abrechnungsmonate vom 10.7. bis zum 9.8. und vom 10.8. bis zum 9.9. sind als vermögend festzusetzen (12.000 EUR).

Die Festsetzung erfolgt gegen die Staatskasse, da zum Zeitpunkt der gerichtlichen Entscheidung durch die Zahlung der 3.000 EUR Mittellosigkeit (9.000 EUR) vorliegt.

Hinweis:

Verändern sich die Vermögensverhältnisse nach Antragstellung und vor der gerichtlichen Entscheidung, sollte dies der Betreuer unverzüglich dem Gericht mitteilen, um eine fehlerhafte Festsetzung zu verhindern.

Der Betreuer macht bei Mittellosigkeit des Betreuten seinen Anspruch insgesamt, also nicht nur in dem Maße, in dem der Betreute zur Leistung nicht in der Lage ist, gegen die Staatskasse geltend, § 15 Abs. 1 VBVG. Soweit die Staatskasse den Betreuer befriedigt, gehen die Ansprüche des Betreuers nach Maßgabe des § 1881 BGB auf sie über. Sie kann beim Betreuten im Rahmen seiner Leistungsfähigkeit oder nach seinem Tod bei dessen Erben Rückgriff nehmen, § 292a FamFG.

3.7.2 Bestimmung des Vermögensstatus

Der Betreute gilt als mittellos, wenn er die Vergütung, den Aufwendungsersatz oder die Aufwandspauschale aus seinem einzusetzenden Vermögen nicht, nur zum Teil oder nur in Raten aufbringen kann, § 1880 Abs. 1 BGB.

Der Betreute hat sein Vermögen nach Maßgabe des § 90 SGB XII einzusetzen, § 1880 Abs. 2 BGB. Zunächst wird sein gesamtes verwertbares Vermögen erfasst, § 90 Abs. 1 SGB XII. Allerdings dürfen die in § 90 Abs. 2 SGB XII aufgeführten Vermögensbestandteile nicht herangezogen werden, außerdem ist die in § 90 Abs. 3 SGB XII normierte besondere Härte zu beachten.

Von besonderer Bedeutung ist das sog. Schonvermögen nach § 90 Abs. 2 Nr. 9 SGB XII i. V. m. der zugehörigen DVO, das nunmehr 10.000 EUR umfasst. Der Betreute ist nicht in der Lage, aus seinem Vermögen eine Vergütung des Betreuers in einem Betrag zu erbringen, ohne dass sein Schonvermögen unterschritten wird. Dabei ist von dem festzusetzenden Betrag auszugehen (OLG Schleswig, Beschl. v. 27.1.2000 – 2 W 11/00). Zudem ist immer die höhere Fallpauschale eines Vermögenden zu berücksichtigen.

Bei der Bestimmung des Vermögensstatus eines Betreuten im Sinne von § 9 Abs. 4 Satz 1 VBVG ist grundsätzlich nicht zu berücksichtigen, ob den Vermögenswerten Schulden oder Verpflichtungen gegenüberstehen. Daher können auch in einem Vergütungsfestsetzungsverfahren die Voraussetzungen der Mittellosigkeit eines Betreuten nicht dadurch herbeigeführt werden, dass die festzusetzende oder die für einen vorangegangenen Abrechnungszeitraum aus der Staatskasse an den Betreuer bereits ausbezahlte Vergütung vorab als Verbindlichkeit vom Vermögen des Betreuten abgezogen wird (BGH, Beschl. v. 15.12.2021 – XII ZB 355/20).

Beispiel:

Abrechnungszeitraum vom 10.6. bis zum 9.9.; monatlicher Vergütungsbetrag des Betreuers: 257 EUR

9.7.: Betreutenvermögen	10.500 EUR
9.8.: Betreutenvermögen	10.500 EUR
9.9.: Betreutenvermögen	10.500 EUR

Alle drei Monate sind als vermögend abzurechnen, da der Betrag von jeweils 257 EUR entnommen werden kann, ohne dass der Schonbetrag von 10.000 EUR unterschritten wird. Es darf im zweiten Monat nicht der kumulierte Betrag in Höhe von 514 EUR oder im dritten Monat in Höhe von 771 EUR angesetzt werden. Die Festsetzung erfolgt aber gegen die Staatskasse, wenn zum Zeitpunkt der Entscheidung immer noch 10.500 EUR vorhanden sind, da nunmehr der gesamte Betrag von 771 EUR anzusetzen ist.

Bei der Prüfung des Vermögensstatus ist nur das verfügbare Aktivvermögen zu berücksichtigen und Verbindlichkeiten bleiben selbst dann außer Betracht, wenn sie bereits tituliert sind. Dies gilt unabhängig davon, ob die Verbindlichkeit des Betroffenen durch öffentlich-rechtlichen Leistungsbescheid oder durch einen zivilrechtlichen Titel festgelegt und damit durchsetzbar ist. Solange ein dem Betroffenen zustehender Gegenstand nicht aus seinem Vermögen abgeflossen ist, muss er dem Aktivvermögen zugerechnet werden, auch wenn insoweit möglicherweise Vollstreckungsmaßnahmen Dritter drohen könnten.

Das Vermögen des Betreuten darf nicht herangezogen werden, wenn § 90 Abs. 2 SGB XII greift. Nicht einzusetzen sind unter anderem ein angemessenes Hausgrundstück (§ 90 Abs. 2 Nr. 8 SGB XII), kleinere Barbeträge oder sonstige Geldwerte (§ 90 Abs. 2 Nr. 9 SGB XII). Die Höhe der kleineren Barbeträge und sonstigen Geldwerte wird in der DVO zu § 90 Abs. 2 Nr. 9 SGB XII näher bestimmt. Nach § 1 Satz 1 Nr. 1 der DVO gelten für alle volljährigen Personen, deren Einkommen und Vermögen bei der Gewährung von Sozialhilfe zu berücksichtigen ist bzw. die zu einer sozialhilferechtlichen Einstandsgemeinschaft nach § 19 Abs. 3 bzw. § 27 Abs. 1 und 2, § 41 und § 43 Abs. 1 Satz 2 SGB XII gehören, 10.000 EUR (seit 1.1.2023) als kleinere Barbeträge oder sonstige Geldwerte. Nach § 1 Satz 1 Nr. 2 der DVO kommen weitere 500 EUR für jede Person dazu, die von einer nach Nummer 1 genannten Person überwiegend unterhalten wird.

Bei der Berechnung des einzusetzenden Vermögens ist grundsätzlich nur auf den einzelnen Betroffenen abzustellen. Auch bei Vorliegen einer sozialrechtlichen Einsatzgemeinschaft ist für den hilfebedürftigen Ehegatten kein doppelter Schonbetrag anzusetzen (LG Kassel, Beschl. v. 12.6.2020 – 3 T 195/20).

Welches Vermögen der Betreute für die Vergütung seines Betreuers einzusetzen hat, bestimmt sich gemäß § 1880 Abs. 2 BGB allein nach § 90 SGB XII und damit auch nach der DVO. In anderen gesetzlichen Vorschriften anderweitig festgesetzte Schongrenzen sind insoweit ohne Belang.

Bezieht ein Betreuter Eingliederungshilfe in einer Werkstatt für behinderte Menschen, hat er sein Vermögen für die Vergütung seines Betreuers insoweit einzusetzen, als es den allgemeinen Schonbetrag nach § 90 Abs. 2 Nr. 9 SGB XII von nunmehr 10.000 EUR (nach Inkrafttreten des Bürgergeldgesetzes) übersteigt. Der erhöhte Vermögensfreibetrag nach § 60a SGB XII von bis zu 25.000 EUR findet dabei keine Anwendung (BGH, Beschl. v. 20.3.2019 – XII ZB 290/18).

Das vorhandene Vermögen des Betreuten muss verwertbar sein. An der „Verwertbarkeit" von Vermögen des Betreuten für die Vergütung des Betreuers fehlt es, wenn ihr ein rechtliches oder tatsächliches Hindernis entgegensteht, wenn sie wirtschaftlich unvertretbar ist oder nicht in angemessener Zeit durchgeführt werden kann (BayObLG, Beschl. v. 27.7.2001 – 3Z BR 182/10).

Sind z. B. aufgrund einer angeordneten Testamentsvollstreckung und der damit verbundenen Beschränkungen konkrete Zahlungen aus dem ererbten Vermögensstamm nicht möglich, fehlt es an der Verwertbarkeit des Vermögens aufgrund eines rechtlichen Hindernisses (OLG Köln, Beschl. v. 7.1.2009 – 16 Wx 233/08).

Wurde der Betreute in einem Testament als Vorerbe bedacht, kann das ererbte Vermögen grundsätzlich für die Berechnung der Vergütung herangezogen werden, das gilt insbesondere für die Nutzungen (z. B. Zinsen, Mieteinnahmen), die in das Eigenvermögen des Vorerben fallen. Wurde in einem sog. Behindertentestament allerdings (Dauer-)Testamentsvollstreckung angeordnet, entfällt der Zugriff des Vorerben auf das geerbte Vermögen (und die Nutzungen), § 2211 Abs. 1 BGB; die Verwaltung steht dem Testamentsvollstrecker zu, § 2205 BGB. Soweit der Erblasser dem Testamentsvollstrecker aber aufgegeben hat, den dem Betreuten zugefallenen Nachlass so zu verwalten, dass er sein Leben wie bisher weiterführen kann, und ihn für das persönliche Wohl und die persönlichen Bedürfnisse zu verwenden (§ 2216 Abs. 2 BGB), kann fraglich sein, ob darunter nicht auch die Bezahlung der Betreuervergütung fällt, denn gerade die Betreuung ermöglicht dem Betreuten die Fortsetzung seiner bisherigen Lebensführung (BGH, Beschl. v. 27.3.2013 – XII ZB 679/11). Die Bestellung eines Betreuers hat eben gerade das Ziel, den Betroffenen in den Bereichen seines Lebens, die er nicht allein regeln kann, zu unterstützen, ihm Hilfe zu geben und ihm damit eine angemessene Lebensgrundlage zu ermöglichen (LG Düsseldorf, Beschl. v. 12.3.2018 – 25 T 99/18).

Ist der Betreute Mitglied einer Erbengemeinschaft, die zwar über erhebliches Nachlassvermögen verfügt, aber noch nicht auseinandergesetzt werden kann, und ist kein sonstiges Vermögen vorhanden, liegt Mittellosigkeit vor (OLG Oldenburg, Beschl. v. 19.5.2000 – 5 W 84/00).

Lässt sich der Vermögensstatus nach Ausschöpfung der zumutbaren Aufklärungsmöglichkeiten nicht positiv beantworten, geht das Risiko der Unaufklärbarkeit der Vermögensverhältnisse zulasten der Staatskasse (LG Duisburg, Beschl. v. 17.5.1999 – 22 T 63/99). Kann nicht eindeutig festgestellt werden, ob der Aktivnachlass zur Zahlung der Vergütung des ehemaligen Betreuers ausreicht, hat zunächst die Staatskasse den Vergütungsanspruch zu erfüllen, da dem Betreuer nicht zugemutet werden kann, zu warten, bis geklärt ist, ob der Nachlass ausreicht (LG Kassel, Beschl. v. 26.11.2014 – 3 T 459/14).

Liegt (Grund-)Vermögen vor, nimmt aber dessen Verwertung noch einige Zeit in Anspruch, ist die Vergütung aus der Staatskasse zu zahlen und zwar mit den Sätzen eines Vermögenden. Die Staatskasse hat in Vorleistung zu treten. Es entspricht allgemeiner Meinung, dass der Staat für die (zeitnahe) Vergütung des von ihm eingesetzten berufsmäßigen Betreuers zu sorgen hat. Die Staatskasse kann sich dann im Wege des Regresses schadlos halten (LG Kassel, Beschl. v. 12.10.2012 – 3 T 349/12). Diese Entscheidung ist umstritten, soweit sie die Zahlung mit den Sätzen eines Vermögenden annimmt, da der Betreute zwar Vermögen hat, das aber nicht einsetzbar ist.

3.8 Höhe des Vergütungsanspruchs

3.8.1 Einordnung in Vergütungstabellen

Die dem beruflichen Betreuer zu bewilligende Vergütung bestimmt sich nach monatlichen Fallpauschalen, § 8 Abs. 1 VBVG i. V. m. den Vergütungsstufen 1 und 2 der Anlage zu § 8 Abs. 1 VBVG.

Die Fallpauschalen werden in zwei Tabellenstufen eingeteilt, § 8 Abs. 2 VBVG.

Die Vergütung des beruflichen Betreuers richtet sich nach

- *Stufe 2, wenn der Betreuer über eine abgeschlossene Ausbildung an einer Hochschule oder eine vergleichbare abgeschlossene Ausbildung verfügt;*
- *Stufe 1, im Übrigen.*

Es spielt keine Rolle, ob durch die Ausbildung oder das Studium besondere Fachkenntnisse, die für die Führung der Betreuung nutzbar sind, erworben wurden.

Unklarheit herrscht in der Praxis, wann eine einer Hochschulausbildung vergleichbare abgeschlossene Ausbildung nach § 8 Abs. 2 Nr. 1 2. Alt. VBVG vorliegt. Da im am 1.1.2023 in Kraft getretenen § 8 VBVG die bereits nach altem Recht maßgeblichen beruflichen und akademischen Qualifikationen übernommen worden sind, kann auf die von der Rechtsprechung entwickelten Kriterien zur Bewertung der Vergleichbarkeit zurückgegriffen werden (*Felix*. In: Toussaint, Kostenrecht, VBVG, § 8 Rn. 1). Einer Hochschulausbildung vergleichbar ist nach gefestigter höchstrichterlicher Rechtsprechung eine Ausbildung, die in ihrer Wertigkeit einer Hochschulausbildung entspricht und einen formalen Abschluss aufweist. Als gleichwertig ist eine Ausbildung mithin anzuerkennen, wenn sie staatlich reglementiert oder zumindest staatlich anerkannt ist und der durch sie vermittelte Wissensstand nach Art und Umfang dem eines Hochschulstudiums entspricht. Als Kriterien können insbesondere der mit der Ausbildung verbundene Zeitaufwand, der Umfang und Inhalt des Lehrstoffs und die Zulassungsvoraussetzungen herangezogen werden. Für die Annahme der Vergleichbarkeit einer Ausbildung mit einer Hochschul- oder Fachhochschulausbildung kann auch sprechen, wenn die durch die Abschlussprüfung erworbene Qualifikation Zugang zu beruflichen Tätigkeiten ermöglicht, deren Ausübung üblicherweise Hochschulabsolventen vorbehalten ist. Eine Hochschulausbildung liegt dann vor, wenn ein staatlich reglementiertes oder zumindest anerkanntes Studium an einer Universität oder Fachhochschule mit einem formalen Abschluss beendet worden ist (BGH, Beschl. v. 15.11.2023 – XII ZB 575/21). Folgende wertende Entscheidungen liegen vor: BGH, Beschl. v. 12.4.2017 – XII ZB 86/16 (Zertifizierter Betreuer – Curator de Jure an der TH Deggendorf); BGH, Beschl. v. 9.2.2022 – XII ZB 378/21 (Hochschulzertifikat Rechtliche Betreuung der BeckAkademie in Zusammenarbeit mit der Hochschule Neubrandenburg); BayObLG, Beschl. v. 6.10.2023 – 101 VA 153/23, Rn. 28 (bezugnehmend auf die oben genannten

BGH-Entscheidungen). Die von einem Berufsbetreuer absolvierten Sachkundelehrgänge und sonstigen Fortbildungsmaßnahmen vermitteln keinen Wissensstand, der nach Art und Umfang dem eines Hochschulstudiums entspricht, und münden in keinen staatlich anerkannten Abschluss (BayObLG, Beschl. v. 6.6.2024 – 101 VA 36/24 und Beschl. v. 18.9.2024 – 102 VA 83/24; KG Berlin, Beschl. v. 17.9.2024 – 1 VA 16/24).

3

Die Vergütungstabellen ergeben sich aus der Anlage zu § 8 Abs. 1 VBVG. Um die richtige monatliche Pauschale zu ermitteln, ist zunächst die Einstufung in die Vergütungsstufen 1 oder 2 vorzunehmen. Dann ist die Dauer der Betreuung (seit der Erstbestellung), der gewöhnliche Aufenthaltsort und der Vermögensstatus zu beachten.

Beispiel:

Die Bestellung des beruflichen Betreuers ist am 10.1.2026 wirksam erfolgt, er hat eine abgeschlossene Lehre als Bürokaufmann. Der Betreute wohnt zu Hause und hat ein Kontenvermögen von über 60.000 EUR. Der Betreuer beantragt am 20.4.2026 eine Vergütungsfestsetzung.

Fällig ist der Zeitraum vom 11.1. bis 10.4.2026.

- Der Betreuer fällt in die Stufe 2.
- Der zu vergütende Zeitraum umfasst die Betreuungsmonate 1 bis 3.
- Der gewöhnliche Aufenthalt ist in einer anderen Wohnform.
- Der Betreute ist nicht mittellos.

Für den gesamten Zeitraum ergibt sich die Einstufung aus 1.1.2.1, somit ein Betrag pro Monat in Höhe von 325,00 EUR.

Betreuer-Inflationsausgleichs-Sonderzahlung

Gemäß § 1 BetrInASG kann ein beruflicher Betreuer (§ 19 Abs. 2 BtOG), vom Betreuten eine Inflationsausgleichssonderzahlung verlangen. Ist der Betreute mittellos im Sinne des § 1880 BGB, kann die Sonderzahlung aus der Staatskasse verlangt werden. Die Sonderzahlung beträgt 7,50 EUR je geführter Betreuung und je angefangenem Monat (§ 2 Abs. 1 BetrInASG) und wird gemeinsam mit der Vergütungspauschale nach §§ 8 und 9 VBVG geltend gemacht (§ 3 Abs. 1

BetrInASG). Die Sonderzahlung gilt nicht bei Betreuungen nach § 11 VBVG (§ 1 Abs. 5 BetrInASG).

Der Anspruch auf die Inflationsausgleichssonderzahlung besteht für jeden in den Zeitraum vom 1.1.2024 bis zum 31.12.2025 fallenden Monat, in dem die Betreuung an mindestens einem Tag geführt wird (§ 2 Abs. 2 BetrInASG). Die Sonderzahlung entfällt ab dem 1.1.2026.

Beispiel:

Erstreckt sich das Abrechnungsquartal auf den Zeitraum vom 20.11.2025 bis 19.2.2026, kann eine Sonderzahlung verlangt werden für die Zeiträume:

- 20.11.2025 bis 19.12.2025
- 20.12.2025 bis 19.1.2026 (mindestens 1 Tag fällt noch in das Jahr 2025)

Für den Zeitraum vom 20.01. bis 19.2.2026 gibt es keine Sonderzahlung mehr.

3.8.2 Festlegung der Vergütungsstufe im Einzelfall

Die jeweilige Einstufung in eine Vergütungstabelle nimmt der Rechtspfleger des Betreuungsgerichts bei jedem Vergütungsantrag vor, dabei ist er an die Vorgaben des § 8 Abs. 2 VBVG gebunden. Dies bedeutet, dass der Betreuer im Rahmen der Antragstellung die für die Einstufung erforderlichen Unterlagen (z. B. Nachweis des Studiums bzw. der vergleichbaren abgeschlossenen Ausbildung) vorzulegen hat, soweit sie dem Rechtspfleger nicht bereits bekannt sind. Dabei ist zu beachten, dass bei zweifelhaften Abschlüssen verschiedene Rechtspfleger zu unterschiedlichen Entscheidungen kommen können. Hier bleibt nur der Rechtsweg über die Beschwerde (zum Landgericht) und evtl. der Rechtsbeschwerde zum BGH.

Ein beruflicher Betreuer hat kein dahingehendes schutzwürdiges Vertrauen, dass ihm der bisher bewilligte erhöhte Vergütungssatz auch in Zukunft wieder zuerkannt wird. Für Betreuer, die zunächst nach einem höheren Pauschalsatz vergütet und später zurückgestuft wurden, besteht kein Vertrauensschutz (BGH, Beschl. v. 8.2.2012 – XII ZB 230/11).

Problematisch ist insbesondere auch, dass bei Überweisungen aus der Staatskasse nach § 292 Abs. 5 FamFG eine gerichtliche Festsetzung, die der Rechtskraft fähig ist, nicht erfolgt ist. Somit kann noch eine abweichende gerichtliche Entscheidung erfolgen. Die materielle Ausschlussfrist des § 15 Abs. 3 Satz 1 VBVG findet keine analoge Anwendung auf die Rückforderung überzahlter Betreuervergütung durch die Staatskasse. Einer durch Rückforderung überzahlter Betreuervergütung kann allerdings der Vertrauensgrundsatz entgegenstehen, wenn eine Abwägung ergibt, dass dem Vertrauen des beruflichen Betreuers auf die Beständigkeit der eingetretenen Vermögenslage gegenüber dem öffentlichen Interesse an der Wiederherstellung einer dem Gesetz entsprechenden Vermögenslage der Vorrang einzuräumen ist (BGH, Beschl. v. 6.11.2013 – XII ZB 86/13).

3.8.3 Bindende Festlegung der Vergütungsstufe bundesweit

Das Gesetz sieht in § 8 Abs. 3 VBVG eine Justizverwaltungsentscheidung vor. Der Vorstand des am Sitz oder hilfsweise am Wohnsitz des beruflichen Betreuers zuständigen Amtsgerichts (AG-Direktor bzw. AG-Präsident) stellt auf Antrag des Betreuers nach dessen Registrierung fest, nach welcher Vergütungstabelle sich die von diesem zu beanspruchenden Vergütungen richten. In einigen Bundesländern wurde die Zuständigkeit auf den Präsidenten des Landgerichts übertragen; teilweise wurde für mehrere Amtsgerichte die Zuständigkeit eines Gerichts bestimmt.

Diese Entscheidung kann der berufliche Betreuer in jedem Vergütungsverfahren vorlegen, er muss dann seine Ausbildung nicht jedes Mal neu nachweisen. Dieses Verfahren ist nicht zwingend, sondern erfolgt nur auf Antrag des Betreuers. Es kann sich insbesondere anbieten, wenn eine einem Studium vergleichbare abgeschlossene Ausbildung vorliegt.

Bei dem Verwaltungsverfahren auf Feststellung der anzuwendenden Vergütungstabelle gemäß § 8 Abs. 3 Satz 1 VBVG handelt es sich um ein Antragsverfahren, jedoch findet der Rechtsgedanke des § 26 FamFG Anwendung.

Dieser Amtsermittlungsgrundsatz enthebt die Beteiligten in allen Antragsverfahren nicht der Verpflichtung, durch eingehende Tatsachendarstellung an der Aufklärung des Sachverhalts mitzuwirken (Beibringungsgrundsatz, Darlegungs- und Informationslast). Der Umfang der Mitwirkungs- und Verfahrensförderungspflicht richtet sich nach der jeweiligen Verfahrensart. Die Pflicht des Beteiligten erhöht sich im gleichen Maße, wie das Gericht auf deren Mitwirkung bei der Sachaufklärung angewiesen ist; das gilt insbesondere in solchen Fällen, in denen Vorgänge aus dem höchstpersönlichen Lebensbereich der Beteiligten Gegenstand der Ermittlungen sind. Die Mitwirkungspflicht endet dort, wo ein erheblicher Eingriff in das allgemeine Persönlichkeitsrecht vorliegt. Diese Rechtsgedanken finden auch auf das vorliegende Verwaltungsverfahren Anwendung (OLG Düsseldorf, Beschl. v. 22.1.2024 – 3 VA 15/23). Fordert z. B. § 8 Abs. 2 Nr. 3 VBVG den Nachweis über ein abgeschlossenes Studium an einer Universität oder Hochschule, so kann diesen ein Rechtsanwalt auch dadurch erbringen, dass er eine Bescheinigung der Rechtsanwaltskammer vorlegt, in der seine Zulassung bestätigt wird. Dies belegt ohne Zweifel, dass er ein Studium erfolgreich absolviert hat. Die Vorlage eines Zeugnisses der Universität ist in diesem Fall entbehrlich.

Hinweis:

§ 8 Abs. 3 VBVG ist eine Kann-Vorschrift. Der Betreuer ist nicht verpflichtet, die Festlegung herbeizuführen. Er kann selbstverständlich bei jedem Vergütungsantrag seine Einstufung durch den entscheidenden Rechtspfleger vornehmen lassen (siehe Ziff. 3.8.2).

Die Feststellung der Vergütungsstufe wirkt auf den Zeitpunkt der Antragstellung zurück (§ 8 Abs. 3 Satz 4 VBVG); sie gilt somit ab Antragstellung. Sind Voraussetzungen für die Einstufung (z. B. ein Hochschulabschluss) bereits vor der Antragstellung gegeben, kann der Betreuer seine Vergütung vom zuständigen Betreuungsrechtspfleger prüfen und festsetzen lassen. Dieser ist nicht an eine spätere Einstufung nach § 8 Abs. 3 VBVG gebunden. Die Frage, welche Stufe zur Anwendung kommt, ist für diesen Zeitraum im jeweiligen Einzelfall vom Rechtspfleger inzident zu prüfen (OLG Oldenburg, Beschl. v. 5.7.2023 – 4 VA 2/23).

Gegen die Festsetzungsentscheidung nach § 8 Abs. 3 VBVG kann der Antragsteller eine gerichtliche Entscheidung nach § 23 Abs. 2 EGGVG beantragen (z. B. wenn nach seiner Ansicht eine unzutreffende Vergütungstabelle angewendet wurde). Der Antrag auf gerichtliche Entscheidung ist gemäß § 24 Abs. 1 EGGVG nur zulässig, wenn der Antragsteller geltend macht, durch die Maßnahme in seinen Rechten verletzt worden zu sein. Es entscheidet ein Zivilsenat des Oberlandesgerichts, in dessen Bezirk die Justizbehörde ihren Sitz hat, die den Feststellungsentscheidung erlassen hat (in Bayern entscheidet das BayObLG), § 25 EGGVG. Antragsteller für die Festsetzung nach § 8 Abs. 3 VBVG wie auch für den Antrag auf gerichtliche Entscheidung ist der berufliche Betreuer nach § 19 Abs. 2 BtOG. Handelt es sich um einen Vereinsbetreuer oder einen registrierten Mitarbeiter eines Betreuungsvereins im Fall des § 1818 Abs. 1 und 2 BGB, hat dieser den Antrag zu stellen oder die gerichtliche Entscheidung zu beantragen; der Verein ist hierzu nicht berechtigt (BayObLG, Beschl. v. 6.10.2023 – 101 VA 153/23).

Die Festlegung kann auf Antrag des beruflichen Betreuers geändert werden, wenn dieser eine Änderung der Voraussetzungen nachweist, § 8 Abs. 3 Satz 3 VBVG. Die Feststellung oder Änderung wirkt auf den Zeitpunkt der Antragstellung zurück.

Eine Datenübermittlung durch das nach § 8 Abs. 3 VBVG für die Vergütungseinstufung zuständige Amtsgericht an die Betreuungsbehörde wegen etwaigen Zweifeln an der Zuverlässigkeit des Betreuers erfolgt nicht nach Maßgabe des § 309a Abs. 2 FamFG, sondern auf Grundlage des § 26 Abs. 4 BtOG. Gerichte und Behörden dürfen der Stammbehörde personenbezogene Daten übermitteln, soweit deren Kenntnis für die Rücknahme oder den Widerruf der Registrierung erforderlich ist und hierdurch schutzwürdige Interessen der betroffenen Person nicht beeinträchtigt werden (OLG Hamburg, Beschl. v. 8.8.2023 – 2 VA 2/23).

3.8.4 Erhöhung der Pauschalvergütung

Eine Erhöhung der Pauschalsätze bei besonderen Schwierigkeiten der Betreuungsgeschäfte ist nicht vorgesehen. Nimmt aber eine solche Vermögensverwaltung ein Ausmaß an, dass ihre Wahrnehmung durch den Betreuer billigerweise nicht mehr erwartet werden darf, kann er Teile dieser Aufgabe gegen Vergütung auf Dritte (Rechtsanwälte, Steuerberater usw.) übertragen oder im Rahmen von § 1877 Abs. 3 BGB selbst vornehmen. Nach dieser Vorschrift, dessen Geltung nach § 10 Satz 2 VBVG unberührt bleibt, kann ein Betreuer Leistungen, die er für den Betreuten erbringt und die zu seinem Beruf, aber nicht zu seinen Aufgaben als Betreuer gehören und die deshalb von der pauschalen Betreuervergütung nicht umfasst sind, als Aufwendungen gesondert geltend machen.

3.9 Aufwendungsersatz

3.9.1 Allgemeine Aufwendungen

Die Fallpauschale nach § 9 VBVG gilt gemäß § 10 VBVG auch den Ersatz von Aufwendungen nach § 1877 Abs. 1 BGB mit ab, insbesondere Fahrtkosten, Portoauslagen, Fotokopien und Auslagen für Hilfskräfte. Ein gesonderter Ersatz dieser Aufwendungen scheidet für den beruflichen Betreuer aus. Lediglich für Ersatzansprüche von beruflichen Betreuern in den Fällen der §§ 11 und 12 Abs. 2 VBVG (Sterilisationsbetreuer und Ergänzungsbetreuer nach § 1817 Abs. 2 und 5 BGB) sieht das Gesetz ausdrücklich Ausnahmeregelungen vor, § 11 Abs. 1 Satz 2 bzw. § 12 Abs. 2 Satz 1 VBVG.

Auch Haftpflichtversicherungsprämien des beruflichen Betreuers werden durch die Fallpauschalen mit abgedeckt; eine gesonderte Erstattung ist nicht möglich, § 10 Satz 1 VBVG.

Anfallende Dolmetscherkosten werden ebenfalls mit der Pauschalierung abgegolten. Auch die Kosten für die Hinzuziehung eines Gebärdendolmetschers für die Kommunikation mit einem gehörlosen Betreuten werden erfasst. Der berufliche Betreuer kann daher die Beiordnung eines Gebärdendolmetschers zum Zweck einer späteren Kostenerstattung nicht verlangen (BGH, Beschl. v. 26.3.2014 – XII ZB 346/13).

Aufwendungen des Betreuers zum Zweck der Führung der Betreuung sind solche, die er aus seinem Vermögen erbringt (vorschießt) und die für ihn ein Vermögensopfer darstellen. Zu überlegen ist aber, ob z. B. Briefmarken oder Kosten von Kopien (die in einem Copyshop erstellt werden) aus dem Betreutenvermögen entnommen werden können, zumindest, wenn es um eine Korrespondenz mit Versicherungen oder Behörden geht. Dies scheidet sicherlich aus, wenn der Betreuer vom Betreuungsgericht in seiner Betreuereigenschaft um Berichte angegangen wird.

Fraglich ist, ob es sich bei gebührenpflichtigen Postnachsendeanträgen um Auslagen der Betreuung oder um Auslagen des Betreuers handelt. Man kann grundsätzlich zwei verschiedene Arten der Postnachsendung unterscheiden: solche für die eigene Betreuertätigkeit und solche im Rahmen der gesetzlichen Vertretung des Betreuten.

Im ersten Fall leitet der Betreuer die Post, die sich an den Betreuten selbst richtet und an dessen Anschrift adressiert ist, zu sich weiter. Diese betreuerspezifische Aufwendung wird durch die Fallpauschale abgedeckt (OLG Köln, Beschl. v. 21.8.2006 – 16 Wx 164/06). Im zweiten Fall stellt der Betreuer einen Postnachsendeantrag zugunsten des Betreuten, weil dieser seine Anschrift gewechselt hat (z. B. Umzug in ein Heim). Dies ist eine Aufwendung im Rahmen der Vertretungstätigkeit, die der Betreute zu erbringen hat; sie fällt nicht unter die Auslagen des Betreuers für die Betreuungsführung im Sinne von § 1877 BGB. Erbringt der Betreuer die Leistung aus seinem Vermögen, kann er vom Betreuten nach § 670 BGB Ersatz verlangen, jedoch keine Festsetzung gegen die Staatskasse. Im Verhältnis zwischen Betreuer und Betreutem sind die Vorschriften des Auftragsrechts entsprechend anzuwenden (OLG Karlsruhe, Beschl. v. 8.8.2003 – 15 U 76/01).

Ein beruflicher Betreuer, der nach Anordnung des persönlichen Erscheinens durch das Gericht an einem Gerichtstermin teilnimmt, wird wie ein Zeuge entschädigt (§ 19 JVEG). Er hat jedoch keinen Anspruch auf Entschädigung für Verdienstausfall gemäß § 22 JVEG oder auf Entschädigung für Zeitversäumnis nach § 20 JVEG. Die Teilnahme am Gerichtstermin erfolgt im Rahmen seiner Fallpauschalen gemäß einer nach §§ 8 und 9 VBVG vergüteten Tätigkeit. Vergütungsfähig sind allerdings die Fahrtkosten gemäß § 5 JEVG.

3.9.2 Aufwendungen nach § 10 Satz 2 VBVG i. V. m. § 1877 Abs. 3 BGB

Die gesonderte Geltendmachung von Aufwendungen im Sinne des § 1877 Abs. 3 BGB bleibt dem beruflichen Betreuer erhalten, § 10 Satz 2 VBVG.

Nach dieser Vorschrift erlangt der Betreuer für seinen Zeitaufwand eine Erstattung, wenn er seine berufseinschlägige Arbeitskraft einsetzt. Erstattungsfähig sind solche gewerbe- und berufsspezifischen Dienste des Betreuers, für die ein anderer Betreuer, der nicht diese Qualifikationen besitzt, berechtigterweise einen entsprechend qualifizierten Dritten hinzugezogen hätte.

Beispiel:

Muss der Betreuer einen Anspruch des Betreuten gerichtlich geltend machen, wird er in der Regel einen Rechtsanwalt mandatieren. Ist der Betreuer selbst Anwalt, kann er seine berufsspezifische Qualifikation einsetzen und die Gebühren eines Rechtsanwalts nach dem RVG gemäß § 1877 Abs. 3 BGB geltend machen (§ 10 Satz 2 VBVG).

Der als Betreuer bestellte Rechtsanwalt kann eine Tätigkeit im Rahmen der Betreuung gemäß § 10 Satz 2 VBVG i. V. m. § 1877 Abs. 3 BGB nach anwaltlichem Gebührenrecht abrechnen, wenn und soweit sich die zu bewältigende Aufgabe als eine für den Beruf des Rechtsanwalts spezifische Tätigkeit darstellt. Hiervon ist auszugehen, wenn ein anderer Betreuer berechtigterweise die entgeltlichen Dienste eines Rechtsanwalts in Anspruch nehmen würde. Im Regelfall ist davon auszugehen, dass ein für den Aufgabenkreis der Vermögenssorge bestellter, nicht anwaltlicher Berufsbetreuer der höchsten Vergütungsstufe für die Vorbereitung eines Eigeninsolvenzantrags des Betreuten keiner anwaltlichen Unterstützung bedarf (BGH, Beschl. v. 30.11.2022 – XII ZB 311/22). Das LG Münster (Beschl. v. 5.2.2024 – 5 T 555/23) führt dazu weiter aus, dass ein Betreuer, der Rechtsanwalt ist, zwar seine Vergütung nach dem RVG verlangen kann, wenn er eine Tätigkeit ausgeübt hat, für die ein Betreuer, der kein Rechtsanwalt ist, einen Rechtsanwalt beauftragt hätte. Jedoch kann jedem Betreuer in einfach gelagerten Fällen zugemutet werden, zunächst einmal selbst tätig zu werden, bevor ein Rechtsanwalt mit der Wahrnehmung der Interessen beauftragt wird. Dies kann z. B. in der Weise geschehen, dass er sich zunächst bei dem Vertragspartner oder einem anderen Anbieter aus der gleichen Branche nach der Sach- und Rechtslage erkundigt und Einzelheiten zu rechtlichen Fragen selbst recherchiert. Von entscheidender Bedeutung hierbei ist, dass die der Vergütung zugrunde liegende Tätigkeit so hohe rechtliche Schwierigkeiten aufweisen muss, dass der Betreuer ohne Beauftragung eines Rechtsanwalts nicht zu einer Lösung hätte kommen können.

3.10 Schmälerung der Pauschalvergütung

Das monatliche Einkommen des beruflichen Betreuers berechnet sich nach dem Pauschalsystem (siehe Anlage zu § 8 Abs. 1 VBVG). Dabei ist zu berücksichtigen, in welchem Betreuungsmonat (Monat 1 bis 12 bzw. ab dem 13. Monat) sich die Betreuung befindet. Auch muss beachtet werden, ob der Betreute mittellos oder vermögend ist und ob er in einer stationären Einrichtung oder anderen Wohnform seinen gewöhnlichen Aufenthalt hat.

Beispiel:

Der nach Stufe 2 (§ 8 Abs. 2 Nr. 1 VBVG) zu vergütende Betreuer führt 40 Betreuungen, von den sich 10 in den Monaten 1 bis 12 und 30 ab dem 13. Monat befinden. Außerdem umfassen alle Verfahren zu gleichen Teilen mittellos/vermögende Betreute, die sich gleichmäßig in stationären Einrichtungen bzw. in anderen Wohnformen aufhalten. Bei diesen Vorgaben ergibt sich ein monatliches Vergütungseinkommen von 8.765 EUR.

Wäre der Betreuer nach der Stufe 1 (§ 8 Abs. 2 Nr. 2 VBVG) zu vergüten, ergäbe sich ein Betrag von 6.650 EUR.

3.10.1 Auslagen der Betreuung

Da die Fallpauschalen auch Ansprüche auf den Ersatz anlässlich der Betreuung entstandenen Aufwendungen (siehe Ziff. 2.2) abgelten (§ 10 Satz 1 VBVG), erlangt der berufliche Betreuer keinen Ersatz z. B. für Fahrt- oder Dolmetscherkosten (siehe Ziff. 3.9.1).

Der berufliche Ergänzungs- oder Sterilisationsbetreuer (§ 1817 Abs. 2 und 5 BGB) kann neben der Vergütung seine Auslagen geltend machen, § 11 Abs. 1 Satz 2 VBVG. Dies gilt auch für den Verfahrenspfleger (§ 277 Abs. 2 Satz 2 FamFG).

3.10.2 Steuern

Die Vergütungszahlungen an den beruflichen Betreuer unterliegen der Einkommenssteuer.

Eine Umsatzsteuerpflicht besteht nicht (§ 4 Nr. 16 Buchst. k UStG; in der Fassung des AmtshilfeRLUmsG). Ebenfalls befreit ist die Tätigkeit als Verfahrenspfleger nach §§ 276 und 317 FamFG gemäß Art. 132 Abs. 1 Buchst. g MwStSystRL.

Nicht unter die Umsatzsteuerbefreiung fallen Tätigkeiten, die der Betreuer im Rahmen seines Berufs oder aus seinem Gewerbe erbringt, § 1877 Abs. 3 BGB.

Berufliche Betreuer erzielen keine Einkünfte aus einem Gewerbebetrieb, sondern Einkünfte aus einer sonstigen selbstständigen

Arbeit (BFH, Urt. v. 15.6.2010 – VIII R 10/09). Somit besteht keine Gewerbesteuerpflicht.

Soweit Steuererklärungen professionell erledigt werden sollen/müssen, wird die Beauftragung eines Steuerberaters erforderlich.

3.10.3 Mitgliedschaften

Berufliche Betreuer sind häufig Mitglieder in Berufs- oder Fachverbänden, wie z. B. dem BdB (Berufsverband der Berufsbetreuer), dem BVfB (Bundesverband freier Berufsbetreuer) oder dem BGT (Betreuungsgerichtstag e. V.).

3.10.4 Versicherungen

Eine zwingende Versicherungspflicht ergibt sich aus § 23 Abs. 1 Nr. 3 BtOG. Der berufliche Betreuer hat eine Berufshaftpflichtversicherung zur Deckung der sich aus der Berufstätigkeit ergebenden Haftpflichtgefahren für Vermögensschäden mit einer Mindestversicherungssumme von 250 000 EUR für jeden Versicherungsfall und von 1 Million EUR für alle Versicherungsfälle eines Versicherungsjahres abzuschließen.

Daneben können Versicherungsbeiträge für alle denkbaren Risiken eine Rolle spielen. Insbesondere eine Krankenversicherung, sowie eine Unfallversicherung dürften obligatorisch sein. Sinnvoll könnte eine Berufsunfähigkeitsversicherung sein; auch ist an die Altersvorsorge zu denken. Nicht zu vergessen ist die Kfz-Versicherung.

Für selbständige berufliche Betreuer besteht eine gesetzliche Pflichtversicherung bei der Berufsgenossenschaft für Gesundheitsdienst und Wohlfahrtspflege. Damit sind Betreuer gegen Arbeitsunfälle und Berufserkrankungen versichert, § 2 Abs. 1 Nr. 9 SGB VII (gesetzliche Unfallversicherung).

3.10.5 Softwareprogramme

Zur Vereinfachung der administrativen Tätigkeiten empfiehlt sich die Anschaffung von PC-Programmen (Betreuungssoftware), die eine schnellere Verarbeitung von Konten, Berichten und Rechnungslegungen ermöglichen. Da es eine Vielzahl von Programmen gibt, z. B. PCC (PersonalClientCare), PleSoft, Kujali, butler 21, kBetreuungsManager, BdB at work, Karedo oder BT-Professional, sollten Leistungs- und Preisvergleiche vorgenommen werden.

Zudem sollte an eBO (elektronisches Bürger- und Organisationspostfach, z. B. Governikus, FP/digital) gedacht werden, ohne das kein (elektronischer) Austausch mit Gerichten und Behörden möglich sein wird.

3.10.6 Mitarbeiter

Ab einer größeren Anzahl von Betreuungen wird sich der berufliche Betreuer überlegen, ob er Mitarbeiter für untergeordnete Tätigkeiten beschäftigt. Diese Kosten schmälern jedoch das Vergütungseinkommen.

3.10.7 Büroräume

Die Miete für Büroräume, einschließlich Strom-, Heizungs- und sonstigen Nebenkosten, schlagen gerade in größeren Städten zu Buche. Es dürfte von Vorteil sein, wenn man sich zu Bürogemeinschaften zusammenschließt. Zu bedenken ist u. a. auch, dass Rundfunkbeiträge in einem externen Büro anfallen, aber auch bei beruflicher Nutzung des PKW.

Zur Ausstattung des Büros ist zudem ein PC-Rechner bzw. Notebook mit umfangreicher Software erforderlich, außerdem ein Drucker und unter Umständen ein Scanner.

3.10.8 Fortbildung und Literatur

Als beruflicher Betreuer ist man gehalten, regelmäßig an berufsbezogenen Fortbildungsmaßnahmen teilzunehmen, § 29 BtOG. Daneben ist der Erwerb von Gesetzestexten und Fachbüchern erforderlich, um sachgerecht die Betreuungen zu führen.

3.11 Sonderfälle der Betreuung

3.11.1 Sterilisations- und Ergänzungsbetreuer

Sterilisations- und Ergänzungsbetreuer

§ 11 Abs. 1 Satz 1 VBVG
Sterilisationsbetreuer (§ 1817 Abs. 2 BGB) oder
Ergänzungsbetreuer (§ 1817 Abs. 5 BGB)

Vergütung
§ 11 Abs. 1 Satz 1 i. V. m. § 3 VBVG
Stundensätze 26,00 EUR, 33,00 EUR oder 44,00 EUR
Erhöhung bei besonderer Schwierigkeit möglich (§ 3 Abs. 3 VBVG)

+

Auslagenersatz
§ 11 Abs. 1 Satz 2 VBVG i. V. m. § 1877 Abs. 1 BGB

Nach § 1817 Abs. 2 BGB wird für die Entscheidung über die Einwilligung in eine Sterilisation ein besonderer Betreuer bestellt. Besteht schon eine Betreuung für andere Aufgabenkreise, ist dieser zeitgleich neben dem unverändert weiter tätigen Hauptbetreuer nur für diese Entscheidung zuständig. Da der Sterilisationsbetreuer lediglich für die Vornahme eines bestimmten, punktuellen Geschäfts bestellt ist, passt für ihn die Gewährung einer Zeitpauschale nicht.

Wird neben dem „Hauptbetreuer" ein Ergänzungsbetreuer gemäß § 1817 Abs. 5 BGB bestellt, z. B. bei einem Vertretungsausschluss nach §§ 1824 und 181 BGB, und sind Haupt- und Ergänzungsbetreuer berufliche Betreuer, entsteht die Ausnahmesituation, dass zur selben Zeit für denselben Betreuten zwei berufliche Betreuer bestellt sind. Der Ergänzungsbetreuer wird in diesem Fall nur für die Vornahme eines bestimmten, punktuellen Geschäfts bestellt.

Wird ein Betreuer neben einem Bevollmächtigten bestellt, weil dieser an einer Verrichtung bestimmter Tätigkeiten rechtlich verhindert ist, ist die Vergütung des Betreuers in entsprechender Anwendung des § 11 Abs. 1 VBVG nach konkretem Zeitaufwand zu bemessen. Die Interessenlage des Betroffenen bzw. der Staatskasse ist dieselbe, unabhängig davon, ob die rechtliche Vertretung des Betroffenen von einem (anderen) Betreuer oder einem Bevollmächtigten wahrgenommen wird (BGH, Beschl. v. 8.7.2015 – XII ZB 494/15). § 11 Abs. 1

VBVG in analoger Anwendung kommt nicht in Betracht, wenn die Vollmacht von vornherein sachlich beschränkt und deshalb ein Betreuer zu bestellen ist (BGH, Beschl. v. 3.5.2017 – XII ZB 403/15).

Nach § 11 Abs. 1 Satz 1 VBVG erhält der Betreuer in den Fällen des § 1817 Abs. 2 BGB (Sterilisationsbetreuung) und § 1817 Abs. 5 BGB (Ergänzungsbetreuer) eine Vergütung nach § 3 VBVG. Bei Mittellosigkeit richtet sich der Anspruch gegen die Staatskasse (§ 15 Abs. 1 VBVG).

Die dem Betreuer zu bewilligende Vergütung erfolgt nach Stundensätzen.

Der Stundensatz für die Zeit, die für die Führung der Betreuung aufgewandt wird und erforderlich ist, beträgt 26 EUR. Verfügt der Betreuer über besondere Kenntnisse, die für die Führung der Betreuung nutzbar sind, so erhöht sich der Stundensatz auf 33 EUR, wenn diese Kenntnisse durch eine abgeschlossene Lehre oder eine vergleichbare abgeschlossene Ausbildung erworben wurden, und auf 44 EUR, wenn diese Kenntnisse durch eine abgeschlossene Ausbildung an einer Hochschule oder durch eine vergleichbare abgeschlossene Ausbildung erworben wurden.

Fachkenntnisse sind nur solche Kenntnisse oder Fertigkeiten, die über das jedermann zu Gebote stehende Wissen hinausgehen, die regelmäßig nicht nur durch Lebenserfahrung erworben werden und die für die Führung von Betreuungen generell oder hinsichtlich bestimmter Aufgabenkreise hilfreich sind. Sie wirken allerdings nur dann vergütungssteigernd, wenn sie auch für die konkrete Betreuung nutzbar sind. Nutzbarkeit bedeutet dabei nicht, dass die Fachkenntnisse zur sachgerechten Führung der Betreuung erforderlich sind. Vielmehr reicht aus, dass sie geeignet sind, die Geschäftsführung des Betreuers im konkreten Fall zu erleichtern.

Hinweis: Für die unter § 11 VBVG fallenden Betreuer (Ergänzungs- und Sterilisationsbetreuer), die als berufliche Betreuer registriert sind, erfolgt die Einstufung der Stundensätze danach, ob sie im Rahmen einer Ausbildung bzw. eines Studiums betreuungsrelevante Kenntnisse erlangt haben. Der registrierte berufliche Betreuer wird nach § 8 Abs. 2 VBVG eingestuft (Stufe 1 oder 2). Dabei spielt es keine Rolle, ob durch das Studium oder die vergleichbare Ausbildung betreuungsrelevante Kenntnisse erlangt wurden. Letztlich würde das dazu führen, dass etwa ein Bauingenieur, der als beruflicher Betreuer registriert ist, nach § 8 Abs. 2 VBVG in die Stufe 2 fällt, während er z. B. als Ergänzungsbetreuer in der niedrigsten Stufe gemäß § 11 Abs. 1 i. V. m. § 3 Abs. 1 VBVG eingestuft werden würde. Dies befriedigt nicht, denn die in § 3 Abs. 1 VBVG geforderten Kenntnisse sind über den Sachkundenachweis erbracht. Offenbar hat der Gesetzgeber diese Diskrepanz nicht erkannt. Es wird allen Ergänzungs- und Sterilisationsbetreuern geraten, ihre Vergütung nach der Stufe zu beantragen, in die sie als Betreuer eingestuft wurden. Bei einer abweichenden Entscheidung sollte ein Rechtsmittel in Erwägung gezogen werden.

Die aufgewandte Zeit ist plausibel und nachvollziehbar dem Betreuungsgericht darzulegen. Ob ein beruflicher Betreuer für bestimmte Tätigkeiten Aufwendungsersatz und Vergütung verlangen kann, hängt davon ab, ob diese Tätigkeiten erforderlich waren. Für pflichtwidriges Handeln kann mangels Erforderlichkeit keine Vergütung verlangt werden. Er hat effizient und kostengünstig vorzugehen (BayObLG, Beschl. v. 29.9.2004 – 3Z BR 163/04).

Es sind nur solche Aufwendungen erstattungsfähig, die der Betreuer „nach den Umständen für erforderlich halten durfte". Maßgebend ist nicht die objektive Erforderlichkeit rückwirkend betrachtet; entscheidend ist vielmehr die Lage, wie sie sich dem Betreuer, bei Beachtung der ihm obliegenden Sorgfalt, im Zeitpunkt der Vornahme der Aufwendung darstellen musste (OLG München, Beschl. v. 12.10.2017 – 33 WF 866/17).

Durch die Gesamtverweisung auf § 3 VBVG ist auch dessen Absatz 3 anwendbar. Soweit die besondere Schwierigkeit der Geschäfte dies ausnahmsweise rechtfertigt, kann ein höherer Stundensatz bewilligt werden – allerdings nur, wenn der Betreute nicht mittellos ist.

Die Vergütungsregelung des § 11 Abs. 1 Satz 1 VBVG kann über die dort genannten Sonderfälle des Ergänzungsbetreuers und des Sterilisationsbetreuers hinaus nicht analog auf Betreuer angewandt werden, die nur für eine (bestimmte) Angelegenheit bestellt worden sind (BGH, Beschl. v. 20.3.2013 – XII ZB 231/12).

Ein Ergänzungsbetreuer nach § 1817 Abs. 5 BGB kann auch dann keine Fallpauschale nach § 9 VBVG verlangen, wenn seine Tätigkeit auf einen längeren Zeitraum angelegt ist und sich nicht in einer konkreten, punktuellen Maßnahme erschöpft (BGH, Beschl. v. 4.6.2014 – XII ZB 625/13).

Zusätzlich kann der Sterilisations- und Ergänzungsbetreuer für seine Aufwendungen Vorschuss und Ersatz nach § 1877 Abs. 1 BGB verlangen, § 11 Abs. 1 Satz 2 VBVG. Dem Betreuer können Abschlagszahlungen gewährt werden, § 3 Abs. 4 VBVG.

Beispiel:

Betreuer B ist bei einem Rechtsgeschäft rechtlich ausgeschlossen (§ 1824 Abs. 1 Nr. 1 BGB); es liegt ein Rechtsgeschäft zwischen dem Betreuten und der Ehefrau des Betreuers B vor. Neben B wird der berufliche Betreuer E als Ergänzungsbetreuer (§ 1817 Abs. 5 BGB) bestellt. Dieser macht fünf Stunden Zeitaufwand mit einem Stundensatz von 60 EUR und Fahrtauslagen über 100 km geltend. Der Betreute ist nicht mittellos. Der erhöhte Stundensatz wird mit (nachgewiesenen) besonderen Schwierigkeiten begründet. E kann ein abgeschlossenes Jurastudium nachweisen.

Dem Ergänzungsbetreuer E steht zunächst als Vergütung ein Stundensatz von 44 EUR zu, § 11 Abs. 1 Satz 1 i. V. m. § 3 Abs. 1 Satz 2 Nr. 2 VBVG. Durch die nachgewiesenen besonderen Schwierigkeiten kann ihm ein höherer Stundensatz (60 EUR) bewilligt werden, § 11 Abs. 1 Satz 1 i. V. m. § 3 Abs. 3 Satz 1 VBVG (Betreuter ist nicht mittellos). Damit berechnet sich die Vergütung auf 5 × 60 EUR = 300 EUR.

Daneben kann E seine Fahrtkosten als Aufwendungsersatz geltend machen, § 11 Abs. 1 Satz 1 VBVG i. V. m. § 1877 Abs. 1 BGB. Diese berechnen sich nach § 1877 Abs. 1 Satz 2 BGB i. V. m. § 5 Abs. 2 Satz 1 Nr. 2 JVEG mit 0,42 EUR je Kilometer. Dies ergibt 100 km × 0,42 EUR = 42 EUR.

3.11.2 Verhinderungsbetreuer

Verhinderungsbetreuer

§ 11 Abs. 2 VBVG

Verhinderungsbetreuer (§ 1817 Abs. 4 BGB)

Pauschale gemäß § 8 i. V. m. § 9 VBVG
wird zwischen Haupt- und Verhinderungsbetreuer nach Tagen geteilt

§§ 187 Abs. 1, 188 Abs. 1 BGB (und auch § 191 BGB) gelten entsprechend

Beruht die Verhinderung des Betreuers auf tatsächlichen Gründen (z. B. Krankheit oder Urlaub), ist in diesem Fall zur gleichen Zeit immer nur entweder der Betreuer oder der Verhinderungsbetreuer gemäß § 1817 Abs. 4 BGB tätig. Insgesamt steigt der Betreuungsaufwand nicht. § 11 Abs. 2 VBVG sieht daher vor, in diesem Fall die nach der Pauschale gemäß § 8 i. V. m. § 9 VBVG bemessene Vergütung zwischen Haupt- und Verhinderungsbetreuer nach Tagen zu teilen; für die Berechnung gelten § 187 Abs. 1 und § 188 Abs. 1 BGB entsprechend.

In § 11 Abs. 2 VBVG wird nicht auf § 191 BGB verwiesen, somit wäre an sich der Monat nach den tatsächlichen Tagen zu berechnen (28, 29, 30 oder 31 Tage). Nach der hier vertretenen Ansicht ergibt sich: Der Gesetzgeber hat unreflektiert den aus dem früheren Recht überkommenen Satz „§ 187 Abs. 1 und § 188 Abs. 1 BGB gelten entsprechend" in § 11 Abs. 2 VBVG übernommen, während in § 9 Abs. 4 Satz 3 VBVG auf § 191 BGB verwiesen wird. Damit darf das Fehlen der Einbeziehung des § 191 BGB in § 11 Abs. 2 VBVG nicht den Schluss zulassen, dass die Monate nach der tatsächlichen Tagesanzahl zu berücksichtigen sind. Somit ist auch in der Anwendung des § 12 Abs. 2 VBVG jeder Monat mit 30 Tagen anzusetzen.

Beispiel:

Der berufliche Betreuer B wurde am 31.10.2025 bestellt. In der Zeit vom 3.4. bis zum 24.4.2026 ist er im Urlaub; in dieser Zeit nimmt der beruflich tätige Ergänzungsbetreuer E die Geschäfte der Betreuung wahr. Der Betreute wohnt zu Hause und hat

3

ein Geldvermögen von ca. 200.000 EUR. Betreuer B kann eine Vergütung nach der Vergütungsstufe 2 beanspruchen; E fällt in die Stufe 1. Der erste Vergütungszeitraum gemäß § 14 Abs. 1 Satz 1 VBVG ist bereits abgerechnet.

Da die Erstbestellung eines Betreuers am 31.10.2025 war, beginnt der Abrechnungsmonat am 1.11.2025. Der erste (dreimonatige) Vergütungszeitraum geht vom 1.11.2025 bis zum 31.1.2026; der zweite Vergütungszeitraum dauert vom 1.2.2026 bis zum 30.4.2026.

Betreuer B:				
1.2. bis 28.2.2026	427,00 EUR	(2.1.2.1)	=	427,00 EUR
1.3. bis 31.3.2026	427,00 EUR	(2.1.2.1)	=	427,00 EUR
1.4. bis 3.4.2026	3/30 aus 427,00 EUR		=	42,70 EUR
25.4. bis 30.4.2026	6/30 aus 427,00 EUR		=	85,40 EUR
Ergänzungsbetreuer E:				
4.4. bis 24.4.2026	21/30 aus 325,00 EUR	(1.1.2.1)	=	227,50 EUR

Hinweis:

Zunächst wird die Fallpauschale des Abrechnungsmonats (in den die Verhinderung fällt) gemäß §§ 8 und 9 VBVG festgestellt, dann wird die Summe auf die Tage des Betreuers und die des Ergänzungsbetreuers aufgeteilt. Soweit die beiden Betreuer unterschiedlichen Fallstufen angehören, ist dies zu berücksichtigen.

3.11.3 Kontrollbetreuer

Beim Kontrollbetreuer nach § 1820 Abs. 3 BGB handelt es sich um einen Betreuer mit einem bestimmten Aufgabenkreis (§ 1815 Abs. 3 BGB). Für den beruflichen Betreuer besteht keine Ausnahme vom Pauschalsystem nach §§ 8 und 9 VBVG.

3.12 Vereinsbetreuer

3.12.1 Vergütung und Aufwendungsersatz

Ist ein Mitarbeiter eines anerkannten Betreuungsvereins (§ 14 BtOG) als Vereinsbetreuer (§ 1819 Abs. 3 Satz 1 BGB) bestellt, ist dem Verein Vergütung und Aufwendungsersatz zu bewilligen (§ 7 Abs. 2 Satz 1 VBVG). Voraussetzung ist allerdings, dass der Mitarbeiter nach § 24 BtOG registriert ist. Der Vereinsbetreuer selbst kann keine Vergütung und keinen Aufwendungsersatz erlangen (§ 7 Abs. 2 Satz 2 VBVG).

3

Der Vereinsbetreuer ist ein beruflicher Betreuer gemäß § 19 Abs. 2 BtOG, sodass der Verein die Fallpauschalen nach §§ 8 und 9 VBVG erhalten kann. Mit den Fallpauschalen wird der Aufwendungsersatz abgegolten (§ 10 Satz 1 VBVG). Die §§ 14 und 15 VBVG sind anzuwenden.

Wird das Arbeitsverhältnis zwischen dem Mitarbeiter und dem Verein aufgelöst, verzögert sich aber der Antrag des Vereins auf Entlassung des als Vereinsbetreuer bestellten Mitarbeiters (§ 1868 Abs. 6 BGB) und die Bestellung dieses ehemaligen Mitarbeiters als selbstständiger beruflicher Betreuer, steht diesem für zuvor erfolgte Tätigkeiten kein eigener Vergütungsanspruch zu (LG Koblenz, Beschl. v. 10.8.2005 – 2 T 511/05).

3.12.2 Sonderfälle

Soweit ein Vereinsbetreuer als Sterilisationsbetreuer nach § 1817 Abs. 2 BGB oder als Ergänzungsbetreuer gemäß § 1817 Abs. 5 BGB bestellt wird, ist § 11 VBVG zu beachten, § 7 Abs. 2 Satz 1 VBVG.

Für die Geltendmachung von Aufwendungsersatz ist § 1877 Abs. 1 BGB anwendbar, § 11 Abs. 1 Satz 2 VBVG. Allgemeine Verwaltungskosten werden nicht ersetzt, § 7 Abs. 1 Satz 2 VBVG, auch nicht Kosten für eine angemessene Haftpflichtversicherung nach § 1877 Abs. 2 BGB.

3.13 Verein als Betreuer

3.13.1 Vergütung und Aufwendungsersatz

Ist ein anerkannter Betreuungsverein gemäß § 1818 Abs. 1 BGB zum Betreuer bestellt, ist ihm gemäß § 12 Abs. 1 Satz 1 VBVG eine Vergütung nach §§ 8 und 9 VBVG zu bewilligen, wenn der Mitarbeiter, dem die Führung der Betreuung gemäß § 1818 Abs. 2 Satz 1 BGB übertragen worden ist, als beruflicher Betreuer registriert ist (§ 19 Abs. 2 BtOG). Die Höhe der Vergütung richtet sich nach der Vergütungsstufe, die gemäß § 8 Abs. 2 VBVG für den Mitarbeiter anzuwenden ist, § 12 Abs. 1 Satz 2 VBVG. Eine Vergütung ist auch dann zu bewilligen, wenn der Mitarbeiter spätestens sechs Monate nach Beginn seiner Tätigkeit für den Betreuungsverein registriert ist, § 12 Abs. 1 Satz 3 VBVG.

Gemäß § 14 Abs. 2 Satz 1 1. Halbsatz 1 BtOG erfolgt die Anerkennung als Betreuungsverein für das jeweilige Bundesland. Allerdings kann es zu Problemen führen, wenn (in Bundesländern mit mehreren Anerkennungsbehörden) die Anerkennung auf Landesteile (z. B. Regierungsbezirke) beschränkt wird, § 14 Abs. 2 Satz 1 2. Halbsatz BtOG. Verzieht in einem solchen Fall z. B. der Betreute über die Grenze eines anderen Landesteils, entfällt der Vergütungsanspruch des Vereins aus § 7 Abs. 2 VBVG i. V. m. § 19 Abs. 2 BtOG. Der Verein bzw. der Vereinsbetreuer sollte in jedem Fall prüfen, ob er für den Aufenthalt des Betreuten die Anerkennung besitzt.

Mit der Fallpauschale nach § 9 VBVG sind die anlässlich der Betreuung entstandenen Aufwendungen des Vereins abgegolten, § 10 Satz 1 VBVG.

3.13.2 Sonderfälle

Als Sterilisationsbetreuer nach § 1817 Abs. 2 BGB kann ein Verein nicht bestellt werden, § 1818 Abs. 5 BGB.

Soweit ein Betreuungsverein als Ergänzungsbetreuer gemäß § 1817 Abs. 5 BGB bestellt wird, ist § 11 VBVG zu beachten, § 12 Abs. 2 Satz 1 VBVG.

Für die Geltendmachung von Aufwendungsersatz ist § 1877 Abs. 1 BGB anwendbar, § 11 Abs. 1 Satz 2 VBVG. Allgemeine Verwaltungskosten werden nicht ersetzt, § 7 Abs. 1 Satz 2 VBVG. Aufwendungen im Sinne von § 1877 Abs. 3 BGB kann der Verein nicht geltend machen, § 12 Abs. 2 Satz 2 VBVG.

Wird der Betreuungsverein als Verhinderungsbetreuer nach § 1817 Abs. 4 Satz 2 BGB bestellt, ist nach § 11 Abs. 2 VBVG vorzugehen; die Fallpauschale nach §§ 8 und 9 VBVG ist zwischen Haupt- und Verhinderungsbetreuer (Verein) nach Tagen zu teilen; für die Berechnung gelten § 187 Abs. 1 und § 188 Abs. 1 BGB (auch § 191 BGB) entsprechend.

Ansprüche können durch den Verein nur geltend gemacht werden, wenn der Mitarbeiter, dem die Führung der Betreuung gemäß § 1818 Abs. 2 Satz 1 BGB übertragen worden ist, als beruflicher Betreuer registriert ist. Die Höhe der Vergütung richtet sich nach dem Stundensatz, der gemäß § 3 Abs. 1 VBVG für den Mitarbeiter anzuwenden ist, § 12 Abs. 1 Satz 2 VBVG.

3.14 Behördenbetreuer und Behörde als Betreuer

3.14.1 Vergütung

Ist ein Behördenbetreuer bestellt, kann der zuständigen Behörde eine Vergütung nach § 1876 Satz 2 BGB bewilligt werden, soweit der Umfang oder die Schwierigkeit der Betreuungsgeschäfte dies rechtfertigen, § 13 Abs. 1 Satz 1 VBVG. Die Vergütungsbewilligung ist nur möglich, soweit der Betreute nicht mittellos ist, § 1876 Satz 2 Nr. 2 BGB.

Der Behördenbetreuer selbst kann keine Vergütung und keinen Aufwendungsersatz erlangen, § 13 Abs. 2 VBVG. Die Leistungen sind an die Behörde zu erbringen, § 13 Abs. 1 Satz 1 VBVG.

3.14.2 Aufwendungsersatz

Nach § 13 Abs. 2 VBVG kann die Betreuungsbehörde Aufwendungsersatz nach § 1877 Abs. 1 BGB verlangen; allgemeine Verwaltungskosten werden nicht ersetzt, § 13 Abs. 1 Satz 3 VBVG. Voraussetzung für den Ersatz von Aufwendungen ist, dass der Betreute nicht mittellos im Sinne von § 1880 BGB ist, § 13 Abs. 1 Satz 2 VBVG.

Die Beschränkung in § 1877 Abs. 4 BGB, dass der Aufwendungsersatzanspruch erlischt, wenn er nicht binnen 15 Monaten nach seiner Entstehung gerichtlich geltend gemacht wird, ist nicht anzuwenden; § 13 Abs. 4 VBVG.

3.14.3 Behörde als Betreuer

Ist die Betreuungsbehörde als solche gemäß § 1818 Abs. 4 BGB als Betreuerin bestellt, kann keine Vergütung gewährt werden, § 13 Abs. 4 Satz 1 VBVG.

Die Behörde kann als Betreuerin für Aufwendungen nach § 1877 Abs. 1 BGB Ersatz nur insoweit verlangen, als der Betreute nicht mittellos im Sinne von § 1880 BGB ist, § 13 Abs. 1 Satz 2 VBVG. Allgemeine Verwaltungskosten werden nicht ersetzt; § 13 Abs. 1 Satz 3 VBVG.

3.15 Übergangsregelung zum 1.1.2026

Nach § 19 VBVG wird auf Vergütungs- und Aufwendungsersatzansprüche von Betreuern, Pflegern und Verfahrenspflegern sowie auf Ansprüche von Betreuern nach dem BetrInASG für Leistungen, die vor dem 1.1.2026 erbracht wurden, das VBVG bis zum Ende des angefangenen Abrechnungsmonats in seiner bis einschließlich 31.12.2025 geltenden Fassung („altes Recht") angewandt.

Die neuen Vergütungsregeln betreffen somit alle Abrechnungsmonate, die ab dem 1.1.2026 beginnen.

Beispiel:

Betreuer B wurde am 20.11.2023 wirksam bestellt. Er hat eine abgeschlossene Ausbildung als Krankenpfleger; er ist als beruflicher Betreuer registriert. Der Betreute ist vermögend und wohnt zu Hause. B beantragt am 27.2.2026 die Festsetzung seiner Vergütung für den Zeitraum 21.11.2025 bis 20.2.2026.

21.11.2025 bis 20.12.2025	Tabelle B 5.2.2 (altes Recht) 161,00 + 7,50 EUR BetrInASG	168,50 EUR
21.12.2025 bis 20.1.2026	Tabelle B 5.2.2 (§ 19 VBVG) 161,00 + 7,50 EUR BetrInASG	168,50 EUR
21.1.2026 bis 20.2.2026	Stufe 1.1.2.2 (neues Recht)	192,00 EUR

4. Mittellosigkeit

4.1 Vergütung aus der Staatskasse

Ist der Betreute mittellos im Sinne des § 1880 BGB, kann der berufliche Betreuer (§ 19 Abs. 2 BtOG) die zu bewilligende Vergütung und den Aufwendungsersatz aus der Staatskasse verlangen, § 15 Abs. 1 VBVG; dies gilt auch für den Verein als Betreuer im Sinne von § 12 VBVG. Der ehrenamtlich tätige Betreuer kann seinen Aufwendungsersatz (§ 1877 BGB) oder die Aufwandspauschale (§ 1878 BGB) aus der Staatskasse erlangen, § 1879 BGB.

4.2 Begriff der Mittellosigkeit

Das Vorliegen der Mittellosigkeit wird in § 1880 BGB definiert. Der Betreute gilt als mittellos, wenn er seine Ansprüche auf Vergütung, den Aufwendungsersatz oder die Aufwandspauschale aus seinem einzusetzenden Vermögen nicht in einem Betrag, somit gar nicht oder nur zum Teil in Raten aufbringen kann. Für die Vergütung des beruflichen Betreuers ist § 15 Abs. 1 VBVG einschlägig.

Der Betreute ist unter Beachtung des § 1880 BGB nicht in der Lage, aus seinem Vermögen eine Vergütung des Betreuers, einen Aufwendungsersatz oder eine Aufwandspauschale in einem Betrag zu erbringen, ohne dass sein Schonvermögen unterschritten wird. Dabei ist von dem festzusetzenden Betrag auszugehen (OLG Schleswig, Beschl. v. 27.1.2000 – 2 W 11/00).

4.3 Voraussetzungen der Mittellosigkeit

Bei der Frage, ob der Betroffene mittellos ist, ist hinsichtlich des einzusetzenden Vermögens des Betroffenen nur das verfügbare Aktivvermögen zu berücksichtigen. Verbindlichkeiten bleiben außer Betracht, auch Einkommen spielt keine Rolle.

Auf die Herkunft des Vermögens kommt es für die Frage, ob dieses für die Betreuervergütung anzuwenden ist, in aller Regel nicht an. Sammelt der Betreuer Gelder der Sozialhilfe an, sind auch diese Mittel für die Vergütung des Betreuers einzusetzen (LG Hamburg, Beschl. v. 15.11.2010 – 322 T 57/10).

Das vorhandene Vermögen des Betreuten muss verwertbar sein. An der „Verwertbarkeit" von Vermögen des Betreuten für die Vergütung des Betreuers fehlt es, wenn ihr ein rechtliches oder tatsächliches Hindernis entgegensteht, wenn sie wirtschaftlich unvertretbar ist oder nicht in angemessener Zeit durchgeführt werden kann (BayObLG, Beschl. v. 27.7.2001 – 3Z BR 182/01).

Sind aufgrund einer angeordneten Testamentsvollstreckung und der damit verbundenen Beschränkungen konkrete Zahlungen aus dem ererbten Vermögensstamm nicht möglich, fehlt es an der Verwertbarkeit des Vermögens aufgrund eines rechtlichen Hindernisses (OLG Köln, Beschl. v. 7.1.2009 – 16 Wx 233/08). Eine Mittellosigkeit ist jedoch zu verneinen, wenn dem Betreuten als Erben ein durchsetzbarer Anspruch aus § 2216 Abs. 2 Satz 1 BGB auf Freigabe einer zu entrichtenden Entschädigung aus dem Nachlass zusteht (BGH, Beschl. v. 27.3.2013 – XII ZB 679/11). Das könnte dann gegeben sein, wenn es die Hauptintention des Erblassers war, dass der Betroffene sein Leben wie bisher weiterführen können soll. Die Bestellung eines Betreuers hat eben gerade das Ziel, den Betroffenen in den Bereichen seines Lebens, die er nicht allein regeln kann, zu unterstützen, ihm Hilfe zu geben und ihm damit eine angemessene Lebensgrundlage zu ermöglichen (LG Düsseldorf, Beschl. v. 12.3.2018 – 25 T 99/18).

Ist der Betreute Mitglied einer Erbengemeinschaft, die zwar über erhebliches Nachlassvermögen verfügt, aber noch nicht auseinandergesetzt werden kann, und ist sonstiges Vermögen nicht vorhanden, liegt Mittellosigkeit vor (OLG Oldenburg, Beschl. v. 19.5.2000 – 5 T 84/00).

4.4 Zeitpunkt für die Feststellung der Mittellosigkeit

Die Frage, ob wegen Mittellosigkeit des Betroffenen die Betreuervergütung aus der Staatskasse geschuldet wird, ist nach den zum Zeitpunkt der Entscheidung der letzten Tatsacheninstanz geltenden materiell-rechtlichen Bestimmungen und den dann gegebenen Vermögensverhältnissen zu beurteilen (OLG München, Beschl. v. 21.3.2007 – 33 Wx 13/07).

Dem Betreuer kann nicht aufgegeben werden, zur Sicherung seiner Vergütungsansprüche Rücklagen zu bilden (LG Saarbrücken, Beschl. v. 13.5.2002 – 5 T 58/02). Zudem ist ein Betreuer nicht verpflichtet, Entscheidungen über die Abrechnungspraxis so zu treffen, dass die

Staatskasse geschont wird (OLG Schleswig, Beschl. v. 22.3.2000 – 2 W 43/00).

Ein Zurückstellen der Befriedigung anderer Gläubiger, um den eigenen Vergütungsanspruch gegen den Betreuten zu sichern, solange das Betreuungsgericht noch nicht über die Vergütungsansprüche entschieden hat, kann seitens der Staatskasse nicht gefordert werden (LG Saarbrücken, Beschl. v. 13.5.2002 – 5 T 58/02).

Der Betreuer muss nicht zur Schonung der Staatskasse die Zeiträume für die Abrechnung seiner Vergütungsansprüche so wählen, dass vorhandenes Vermögen des Betreuten noch zur Verfügung steht. Ihm steht somit auch dann für den gesamten, vom Gesetz vorgesehenen Zeitraum von 15 Monaten ein Vergütungsanspruch zu, wenn eine alsbaldige Mittellosigkeit des Betreuten während dieses Zeitraums absehbar war (OLG Köln, Beschl. v. 24.6.2002 – 16 Wx 95/02). Muss allerdings der Betreuer erkennen, dass künftig eine Festsetzung gegen den Betroffenen wegen dessen allmählichen Vermögensverfalls nicht möglich sein wird, und stellt er gleichwohl schuldhaft den Vergütungsantrag im Rahmen des ihm Möglichen und Zumutbaren nicht so zeitig, dass er die Vergütung noch aus dem Vermögen des Betroffenen erhalten kann, so kann seine Vergütung nach den allgemeinen Grundsätzen von Treu und Glauben auf die Vergütung gekürzt werden, die für die Betreuung eines mittellosen Betroffenen anzusetzen wäre (OLG München, Beschl. v. 26.3.2009 – 33 Wx 81/09).

Ist der Betreute verstorben, kommt es ebenfalls auf den Zeitpunkt der gerichtlichen Entscheidung an, allerdings unter Berücksichtigung der Vermögensverhältnisse zum Todeszeitpunkt (BayObLG, Beschl. v. 26.11.1997 – 3Z BR 149/97). Keinesfalls heranzuziehen sind die Vermögensverhältnisse der Erben (KG Berlin, Beschl. v. 15.11.1994 – 1 W 3454/94).

Bei Aufwendungsersatz- bzw. Aufwandsentschädigungsansprüchen des Betreuers kommt es für die Feststellung der Mittellosigkeit auf den Zeitpunkt der Entstehung an.

4.5 Verfahren zur Feststellung der Mittellosigkeit

Grundsätzlich hat das Betreuungsgericht die Mittellosigkeit von Amts wegen zu ermitteln, § 26 FamFG.

Lässt sich die Frage, ob der Betreute mittellos ist, nach Ausschöpfung der zumutbaren Aufklärungsmöglichkeiten nicht positiv beantworten, geht das Risiko der Unaufklärbarkeit der Vermögensverhältnisse zulasten der Staatskasse (LG Duisburg, Beschl. v. 17.5.1999 – 22 T 63/99). Kann nicht eindeutig festgestellt werden, ob der Aktivnachlass zur Zahlung der Vergütung des ehemaligen Betreuers ausreicht, hat zunächst die Staatskasse den Vergütungsanspruch zu erfüllen, da dem Betreuer nicht zugemutet werden kann zu warten, bis geklärt ist, ob der Nachlass ausreicht (LG Kassel, Beschl. v. 26.11.2014 – 3 T 459/14; LG Frankfurt, Beschl. v. 26.3.1992 – 2/9 T 252/92; Bienwald, FamRZ 1993, 218).

In § 292 Abs. 3 FamFG sind dem Betreuer Mitwirkungspflichten auferlegt. Im Antrag sind die persönlichen und wirtschaftlichen Verhältnisse des Betreuten darzustellen; das Gericht kann in entsprechender Anwendung des § 118 Abs. 2 Satz 1 und 2 ZPO verlangen, dass der Betreuer seine tatsächlichen Angaben glaubhaft macht, ebenso die Vorlage von Urkunden. Das Betreuungsgericht kann nach § 292 Abs. 3 FamFG ohne weitere Prüfung eine Festsetzung gegen die Staatskasse vornehmen (Mittellosigkeit annehmen), wenn nach seiner freien Überzeugung der Aufwand zur Ermittlung der persönlichen und wirtschaftlichen Verhältnisse des Betreuten außer Verhältnis zur Höhe des aus der Staatskasse zu begleichenden Anspruchs steht.

4.6 Einsatz des Vermögens

Nach § 1880 BGB hat der Betreute sein Vermögen nach Maßgabe des § 90 SGB XII einzusetzen. Zum Vermögen nach § 90 Abs. 1 SGB XII gehört grundsätzlich das gesamte verwertbare Vermögen. Hierbei handelt es sich um Gegenstände und vermögenswerte Rechte, die einen wirtschaftlichen Wert darstellen (z. B. Immobilien, Geld, Wertpapiere, Kontenforderungen, Rechte, Kapitallebensversicherungsansprüche, Nutzungsrechte, Kostbarkeiten wie Schmuck, Gemälde, Sammlungen). Das Vermögen des Betreuten darf nicht herangezogen werden, wenn § 90 Abs. 2 SGB XII greift.

Bei der Prüfung der Mittellosigkeit ist hinsichtlich des einzusetzenden Vermögens des Betroffenen nur das verfügbare Aktivvermögen zu berücksichtigen und Verbindlichkeiten bleiben selbst dann außer Betracht, wenn sie bereits tituliert sind (BayObLG, Beschl. v. 18.10.2003 – 3Z BR 100/03). Dies gilt unabhängig davon, ob die

Verbindlichkeit des Betroffenen durch öffentlich-rechtlichen Leistungsbescheid oder durch einen zivilrechtlichen Titel festgelegt und damit durchsetzbar ist.

Das haftende Aktivvermögen wird nicht bereits durch das Bestehen und die Titulierung eines Anspruchs geschmälert, sondern erst mit dessen Durchsetzung (OLG Stuttgart, Beschl. v. 29.6.2007 – 8 W 245/07). Solange ein dem Betreuten zustehender Gegenstand nicht aus seinem Vermögen abgeflossen ist, muss dieser dem Aktivvermögen zugerechnet werden, auch wenn insoweit möglicherweise Vollstreckungsmaßnahmen Dritter drohen könnten (LG Detmold, Beschl. v. 23.7.2008 – 3 T 126/08).

Die Frage, ob und welche Vermögensgegenstände zu berücksichtigen sind, beurteilt sich unter anderem nach wirtschaftlichen Gesichtspunkten. Gegenstände, die nicht oder jedenfalls nicht in wirtschaftlich vertretbarer Weise und in angemessener Zeit verwertet werden können, bleiben außer Betracht (OLG Naumburg, Beschl. v. 10.7.2013 – 2 Wx 44/14; OLG Schleswig, Beschl. v. 24.3.2014 – 3 Wx 84/13).

Vermögen ist zeitnah nicht ermittelbar oder verwertbar

In der Rechtsprechung unterschiedlich behandelt wird die Frage, ob die Staatskasse den Vergütungsanspruch des Betreuers zu erfüllen hat, wenn das Vermögen des Betreuten nicht zeitnah ermittelt oder verwertet werden kann. So hat das LG Kassel (Beschl. v. 26.11.2014 – 3 T 459/14) entschieden, dass sich der Vergütungsanspruch gegen die Erben des verstorbenen Betreuten richtet, wenn zeitnah nicht festgestellt werden kann, ob ausreichend Nachlass vorhanden ist, da dem ehemaligen Betreuer nicht zugemutet werden kann, zu warten, bis diese Frage geklärt ist. Das LG Koblenz (Beschl. v. 6.3.2002 – 2 T 65/02) ist der Ansicht, dass ein Betreuter auch dann mittellos sein kann, wenn er zwar Eigentümer eines grundsätzlich zu berücksichtigenden Grundstücks ist, dieses aber in absehbarer Zeit nicht verwertet werden kann. Nach hier vertretener Ansicht muss die Staatskasse nicht eintreten, solange der Betreuer eine Zugriffsmöglichkeit auf das vorhandene Vermögen hat, dabei genügt es, wenn er zumindest eine (dingliche) Sicherungsmöglichkeit hat.

Verwertung von Grundstücken und Eigentumswohnungen

Die Verwertbarkeit eines Miteigentumsanteils an einem Anwesen mit einem seit Jahrzehnten unbewohnten und verfallenen Haus ist höchst zweifelhaft, insbesondere auch deshalb, wenn sich der andere Miteigentümer Maßnahmen zu einer Veräußerung, Auseinandersetzung oder dergleichen entgegenstellt und mit einer zeitnahen Verwertung der Grundstücksanteile unter diesen Umständen nicht gerechnet werden kann (OLG Saarbrücken, Beschl. v. 13.5.2014 – 31 Wx 144/13).

Gehört zum Aktivvermögen eines Nachlasses ein Grundstück, das wegen wertübersteigender dinglicher Belastung nicht dazu geeignet ist, Einnahmen zu erzielen, steht es der Feststellung der Mittellosigkeit des Nachlasses nicht entgegen (OLG Naumburg, Beschl. v. 10.7.2013 – 2 Wx 44/13).

Mit Häusern bebaute Grundstücke sind zur Erfüllung des Vergütungsanspruchs einzusetzen, soweit sie kein Schonvermögen darstellen. Neben der Veräußerung kommt die Beleihung in Betracht. Dabei ist nicht darauf abzustellen, ob der Partei die Rückzahlung eines Kredits zumutbar ist (OLG Koblenz, Beschl. v. 23.4.2004 – 9 WF 367/04). Mehrfamilienhäuser fallen grundsätzlich nicht unter § 90 Abs. 2 Nr. 8 SGB XII.

Es stellt keine unzumutbare Härte dar, wenn der Betroffene das Grundstück zum jetzigen Zeitpunkt belasten oder verkaufen müsste. Er ist daher nicht als mittellos anzusehen (LG Braunschweig, Beschl. v. 24.11.2008 – 8 T 429/08).

Bei einem einzusetzenden Vermögen (Grundstück), dessen sofortiger Einsatz (zeitnah) nicht möglich ist, ist die Staatskasse nicht vorab zur Zahlung der Betreuervergütung verpflichtet. Die Möglichkeit der Vorfinanzierung gegen Eintragung einer dinglichen Sicherung am Grundstück (z. B. Zwangshypothek) zugunsten der Staatskasse, mit der Möglichkeit eines Regresses bei später eintretender Leistungsfähigkeit, ist gesetzlich nicht vorgesehen. Diese Vorgehensweise wäre zwar im Sozialrecht durch § 91 SGB XII gedeckt, jedoch verweist § 1880 BGB gerade nicht auf diese Vorschrift (LG Münster, Beschl. v. 31.7.2024 – 5 T 205/24; OLG Frankfurt, Beschl. v. 11.8.2008 – 20 W 211/08).

Ergibt sich die Zumutbarkeit einer Veräußerung einer Eigentumswohnung, muss der Betreuer grundsätzlich seinen Vergütungsanspruch durch zwangsweise Verwertung der Eigentumswohnung realisieren; es liegt keine Mittellosigkeit vor (OLG Schleswig, Beschl. v. 13.11.2003 – 2 W 185/03).

Hinweis:

Die Staatskasse muss grundsätzlich nicht eintreten, solange der Betreuer eine Zugriffsmöglichkeit auf das vorhandene Vermögen hat, dabei genügt es, wenn er zumindest eine (dingliche) Sicherungsmöglichkeit hat.

4.6.1 Angemessenes Hausgrundstück

Ein angemessenes Hausgrundstück, das vom Betreuten oder einer anderen in § 19 Abs. 1 bis 3 SGB XII genannten Person allein oder zusammen mit Angehörigen ganz oder teilweise bewohnt wird und nach seinem Tod bewohnt werden soll, darf nach § 90 Abs. 2 Nr. 8 SGB XII nicht eingesetzt werden. Es gelten Familienheime mit einer Wohnfläche von bis zu 130 Quadratmetern und Eigentumswohnungen mit bis zu 120 Quadratmetern für einen Haushalt mit vier Personen nicht als unangemessen groß. Für jede weitere Person im Haushalt sind zu den genannten Werten weitere 20 Quadratmeter zu addieren, vgl. § 39 Abs. 2 i. V. m. § 82 Abs. 2 und 3 Satz 1 II. WobauG. Bei einer geringeren Familiengröße sind je fehlender Person 20 Quadratmeter abzuziehen, wobei vor allem bei jüngeren Hilfesuchenden eine Untergrenze von 80 Quadratmetern gelten soll, solange mit einem möglichen „Zuwachs" durch einen neuen Partner oder einem Kind zu rechnen ist (BSG, Urt v. 7.11.2006 – B 7b AS 2/05 R).

4.6.2 Kleinere Barbeträge oder sonstige Geldwerte

Die Höhe der kleineren Barbeträge und sonstigen Geldwerte nach § 90 Abs. 2 Nr. 9 SGB XII wird in der DVO zu § 90 Abs. 2 Nr. 9 SGB XII näher bestimmt.

Nach § 1 Satz 1 Nr. 1 DVO gelten für alle volljährigen Personen, deren Einkommen und Vermögen bei der Gewährung von Sozialhilfe zu berücksichtigen ist bzw. die zu einer sozialhilferechtlichen Einstandsgemeinschaft nach § 19 Abs. 3 bzw. § 27 Abs. 1 und 2, § 41 und § 43 Abs. 1 Satz 2 SGB XII gehören, einheitlich 10.000 EUR als kleinere Barbeträge oder sonstige Geldwerte.

Nach § 1 Satz 1 Nr. 2 DVO kommen weitere 500 EUR für jede Person dazu, die von einer nach Nummer 1 genannten Person überwiegend unterhalten wird.

Diese Beträge können bei besonderer Notlage des Betreuten im Einzelfall angemessen erhöht werden, § 2 Abs. 1 DVO zu § 90 Abs. 2

Nr. 9 SGB XII. Bei der Beurteilung, ob eine Härte vorliegt, können auch persönliche, aus dem Krankheitsbild des Betroffenen folgende Umstände berücksichtigt werden (BayObLG, Beschl. v. 20.8.2003 – 3Z BR 143/03). Auch eine angemessene Herabsetzung unter den Voraussetzungen der §§ 103 oder 94 SGB XII ist möglich, § 2 Abs. 2 DVO zu § 90 Abs. 2 Nr. 9 SGB XII.

Welches Vermögen der Betreute für die Vergütung seines Betreuers einzusetzen hat, bestimmt sich gemäß § 1880 BGB allein nach § 90 SGB XII und damit auch nach der DVO. In anderen gesetzlichen Vorschriften festgesetzte Schongrenzen sind grundsätzlich ohne Belang.

Bezieht ein Betreuter Eingliederungshilfe in einer Werkstatt für behinderte Menschen, hat er sein Vermögen für die Vergütung seines Betreuers insoweit einzusetzen, als es den allgemeinen Schonbetrag nach § 90 Abs. 2 Nr. 9 SGB XII von 10.000 EUR übersteigt. Der erhöhte Vermögensfreibetrag nach § 60a SGB XII von bis zu 25.000 EUR findet dabei keine Anwendung (BGH, Beschl. v. 20.3.2019 – XII ZB 290/18).

Bei der Feststellung des einzusetzenden Vermögens des Betreuten ist vorhandenes Geldvermögen oberhalb der Schongrenze (10.000 EUR) auch dann heranzuziehen, wenn es aus einer Rente nach dem BVG i. V. m. OEG angespart wurde – und zwar ohne Berücksichtigung vorhandener Verbindlichkeiten (BayObLG, Beschl. v. 24.2.2005 – 3Z BR 261/04).

4.6.3 Besondere Härte

Verfügt der Betreute über Vermögen, das über das in § 90 Abs. 2 SGB XII genannte hinausgeht, ist von Amts wegen zu prüfen, ob der Einsatz oder die Verwertung dieser Vermögensbestandteile für den Betreuten und seine unterhaltsberechtigten Angehörigen eine besondere Härte bedeuten würde, § 90 Abs. 3 SGB XII. Beim Betreuten kann eine Härte angenommen werden, soweit die Lebensführung oder die Aufrechterhaltung einer angemessenen Alterssicherung wesentlich erschwert würde, § 90 Abs. 3 Satz 2 SGB XII.

Bei der Prüfung, ob eine Härte vorliegt, kann ausnahmsweise auch die Herkunft des Vermögens mitberücksichtigt werden. Dies kann insbesondere für Vermögen gelten, das aufgrund einer durch fehlerhafte Bearbeitung der Sozialbehörde verursachte Nachzahlung von Grundsicherungsleistungen nach dem SGB XII erworben wurde und dem geistig und körperlich schwer behinderten Betreuten erst die Befriedigung von sozialhilferechtlich anerkannten Grundbedürfnissen ermöglichen soll (LG Aachen, Beschl. v. 9.2.2009 – 3 T 454/09).

Als besondere Härte gemäß § 90 Abs. 3 Satz 1 SGB XII wird der Einsatz von angespartem Blindengeld gesehen (SG Dortmund, Urt. v. 14.12.2016 – S 62 SO 133/16; BSG, Urt. v. 11.12.2007 – B 8/9b SO 20/06 R). Allerdings muss der Anteil der angesparten Summe am Gesamtvermögen feststellbar sein. In diesem Zusammenhang bietet sich an, das Blindengeld auf einem gesonderten Konto zu halten.

Ein Kapitalbetrag, den der Betreute aufgrund eines gerichtlichen Vergleichs als Abfindung für einen laufenden Unterhaltsanspruch erhalten hat und auf dessen ratenweisen Einsatz er zur Deckung seines laufenden Unterhaltsbedarfs angewiesen ist, ist aufgrund der Härteregelung in § 90 Abs. 3 SGB XII nicht als Vermögen für die Deckung von Aufwendungsersatz und Vergütung des für ihn bestellten beruflichen Betreuers einzusetzen (OLG Hamm, Beschl. v. 9.6.2003 – 15 W 33/03).

Schmerzensgeldzahlungen unterliegen nicht dem in § 1880 BGB angeordneten Vermögenseinsatz für eine Betreuervergütung, da ein solcher Einsatz eine besondere Härte für den Betroffenen im Sinne von § 90 Abs. 3 Satz 1 SGB XII darstellen würde (Thüringer OLG, Beschl. v. 14.2.2005 – 9 W 658/04). Dies bestätigt das OLG Frankfurt (Beschl. v. 16.5.2008 – 20 W 128/08) und stellt zudem klar, dass gezahltes Schmerzensgeld auch einen Regress der Staatskasse nicht begründen kann.

Im Rahmen der Betreuervergütung sind bei der Prüfung der Mittellosigkeit Zinsen, die dem Betroffenen aus der Geldanlage eines ihm wegen eines Unfalls gezahlten Schmerzensgelds zufließen, nicht zu berücksichtigen. In Fortführung und Konkretisierung der Rechtsprechung hat das BSG diese Grundsätze auch auf den Bereich des SGB XII übertragen und dahingehend präzisiert, dass die Anrechnung eines aus einer Schmerzensgeldzahlung stammenden Vermögens einschließlich der hieraus herrührenden Zinszahlungen in der Regel eine besondere Härte im Sinne des § 90 Abs. 3 Satz 1 SGB XII bedeuten würde (OLG Frankfurt, Beschl. v. 2.7.2009 – 20 W 491/08).

Angesparte Beschädigtenrente nach dem OEG kann als Vermögen für einen sozialrechtlichen Bedarf nicht herangezogen werden, weil dies für den Hilfeempfänger eine Härte im Sinne von § 90 Abs. 3

SGB XII darstellen würde (BVerwG, Urt. v. 27.5.2010 – 5 C 7/09). Das über das Schonvermögen hinaus angesparte Geldvermögen aus einer dem Betreuten gewährten Opferentschädigungsrente ist auch für die Vergütung des Betreuers nicht heranzuziehen (LG Mühlhausen, Beschl. v. 13.11.2013 – 1 T 121/13). Der anderslautenden Entscheidung des BayObLG (Beschl. v. 24.2.2005 – 3Z BR 261/04) sollte nicht (mehr) gefolgt werden, da sie sich auf frühere Entscheidungen des BVerwG stützt, das die damalige Ansicht zwischenzeitlich aufgegeben hat.

Kapitalentschädigungsleistungen nach § 17 StrRehaG bleiben bei der Berechnung wegen besonderer Härte außer Betracht. Daneben stellt die Verwertung des Vermögens, das der Betroffene mit Zinszahlungen aus den Kapitalentschädigungsleistungen und den monatlichen Zuwendungen für Haftopfer nach § 17a StrRehaG angespart hat, für den Betroffenen eine Härte im Sinne von § 90 Abs. 3 SGB XII dar (BGH, Beschl. v. 26.11.2014 – XII ZB 542/13). Die besondere Zweckbestimmung der sozialen Ausgleichsleistungen nach §§ 16 ff. StrRehaG hat zur Folge, dass der Einsatz eines aus diesen Zahlungen angesparten Vermögens für die Betreuervergütung eine Härte im Sinne von § 90 Abs. 3 SGB XII für den Betreuten darstellen würde.

Der Einsatz eines aus bayerischem Landespflegegeld angesparten Vermögens für die Aufwandsentschädigung und Vergütung eines Betreuers stellt für den Betreuten eine Härte im Sinne von § 90 Abs. 3 Satz 1 SGB XII dar (BGH, Beschl. v. 15.9.2021 – XII ZB 307/21).

Der Einsatz eines aus Pflegegeld nach § 37 SGB XI angesparten Vermögens für die Vergütung des beruflichen Betreuers stellt für den Betreuten keine Härte gemäß § 90 Abs. 3 Satz 1 SGB XII dar (BGH, Beschl. v. 29.1.2020 – XII ZB 500/19).

4.6.4 Lebens- und Sterbegeldversicherung, Bestattungsvorsorge

Für die sonst vermögenslose betreute Person ist die Auflösung einer Kapitallebensversicherung zumutbar, sofern sie nicht glaubhaft macht, dass dieses Vermögen zum Aufbau einer angemessenen Altersversorgung (§ 90 Abs. 2 Nr. 2 SGB XII) zwingend erforderlich ist (LG Koblenz, Beschl. v. 21.9.2009 – 2 T 570/09).

Der Rückkaufswert einer Lebensversicherung des Betreuten ist als einzusetzendes Vermögen zu berücksichtigen. Es handelt sich hierbei um kein geschütztes Vermögen im Sinne des § 90 Abs. 2 Nr. 2

SGB XII. Von dieser Vorschrift werden nur Kapital und Erträge erfasst, die der zusätzlichen Altersvorsorge im Sinne des § 10a oder des Abschnitts XI EStG dienen und deren Ansammlung staatlich gefördert wurde (insbesondere sog. Riester-Rente). Darüber hinaus kommt ein Schutz wegen besonderer Härte in entsprechender Anwendung des § 90 Abs. 3 SGB XII nur dann in Betracht, wenn bei der Verwertung unter Beleihung der Police die Aufrechterhaltung einer angemessenen Alterssicherung wesentlich erschwert wäre. Die Erforderlichkeit kann nur bejaht werden, wenn der Betroffene glaubhaft macht, dass die Alterssicherung dereinst unzureichend und das in die Versicherungen eingebrachte Vermögen daher zur Altersversorgung unverzichtbar sein wird (LG Koblenz, Beschl. v. 24.3.2009 – 2 T 58/09).

Die Verwertung einer Lebensversicherung, die zur Altersvorsorge naher Angehöriger (z. B. für einen volljährigen Sohn mit Behinderung) dienen soll, kann allenfalls dann als Härte im Sinne von § 90 Abs. 3 SGB XII angesehen werden, wenn die vertragliche Gestaltung eine anderweitige Mittelverwendung weitestgehend ausschließt (SG Karlsruhe, Urt. v. 20.4.2018 – S 2 SO 3939/17).

Das Recht, über die eigene Bestattung zu bestimmen, ist Teil des grundgesetzlich geschützten Persönlichkeitsrechts (Art. 2 Abs. 1 GG) und umfasst die Dispositionsfreiheit, bereits zu Lebzeiten für eine angemessene Bestattung Vorsorge zu treffen. Aufwendungen für eine Sterbegeldversicherung oder einen Bestattungsvorsorgevertrag, die vor Eintritt der Mittellosigkeit erbracht wurden, sind nicht dem Schonvermögen zuzurechnen, soweit Angemessenheit besteht. Solche Verträge sind auch nicht aufzulösen; ihre Verwertung stellt eine Härte dar, es sei denn, durch den Abschluss des Bestattungsvorsorgevertrags wurde das Vermögen in der Absicht gemindert, die Voraussetzungen für die Gewährung oder Erhöhung der Leistung herbeizuführen (BSG, Urt. v. 18.3.2008 – B 8/9b SO 9/06 R; OLG Frankfurt, Beschl. v. 15.2.2001 – 20 W 23/2009).

Zur Bestimmung der Angemessenheit einer Bestattungsvorsorge ist zunächst auf die Kosten abzustellen, die die örtlich zuständige Behörde als erforderliche Kosten der Bestattung zu übernehmen hat (Grundbetrag), denn insofern wird den örtlichen Besonderheiten wie unterschiedlichen Friedhofskosten Rechnung getragen. Der sich hieraus ergebende Kostenbetrag, der einen einfachen Standard repräsentiert, ist unter Berücksichtigung etwaiger Gestaltungswünsche des Betroffenen bis zur Grenze der Angemessenheit zu erhöhen (Erhöhungsbetrag). So können die Kosten einer durchschnittlichen Bestattung als Richtschnur dienen.

Die Privilegierung als Bestattungsvorsorge ist aber nur dann gerechtfertigt, wenn sichergestellt ist, dass der angesparte Vermögenswert tatsächlich für die Bestattungskosten oder die Grabpflege verwendet wird. Nur wenn der Betreute die für die Bestattung vorgesehenen Mittel aus seinem übrigen Vermögen ausgeschieden und mit einer entsprechenden Zweckbindung verbindlich festgelegt hat, stellt der Einsatz dieser Mittel für die Betreuervergütung für ihn eine unzumutbare Härte gemäß § 90 Abs. 3 Satz 1 SGB XII dar (OLG Frankfurt, Beschl. v. 15.2.2001 – 20 W 23/00). Das ist etwa der Fall, wenn der Betreute ein angespartes Guthaben an ein Bestattungsunternehmen abgetreten hat, bei angelegtem Guthaben auf einem mit Sperrvermerk versehenen Sparkonto (LG Stade, Beschl. v. 12.3.2003 – 9 T 13/02), einer Sterbegeldversicherung (OLG Zweibrücken, Beschl. v. 18.8.2005 – 3 W 79/05), einem sog. Bestattungsvorsorgevertrag (BSG, Urt. v. 18.3.2008 – B 8/9b SO 9/06 R; OLG München, Beschl. v. 4.4.2007 – 33 Wx 228/06) oder einem Grabpflegevertrag (BVerwG, Urt. v. 11.12.2003 – 5 C 84/02).

Die bloße Absicht des Betroffenen, ein angespartes Guthaben im Fall des Todes für die Bestattungskosten zu verwenden, ohne einen entsprechenden Teil seines Vermögens mit einer entsprechenden Zweckbindung aus dem übrigen Vermögen auszugliedern, genügt nicht. Bei einer kapitalbildenden Lebensversicherung auf den Todesfall ist diese Voraussetzung in der Regel nicht erfüllt (BGH, Beschl. v. 30.4.2014 – XII ZB 632/13).

4.7 Anspruchsübergang auf die Staatskasse

4.7.1 Anspruch der Staatskasse gegen den Betreuten

Soweit die Staatskasse den Betreuer in Bezug auf Vergütung, Aufwendungsersatz oder Aufwandspauschale befriedigt, gehen Ansprüche des Betreuers gegen den Betreuten auf sie über, § 1881 Satz 1 BGB, § 15 Abs. 2 VBVG. Die Staatskasse kann beim Betreuten gemäß § 292a FamFG, soweit dieser leistungsfähig ist, oder bei dessen Erben (im Rahmen des vorhandenen Nachlasses, § 1881 Satz 2 BGB) Rückgriff nehmen.

Dieser Rückgriff kann aber nur erfolgreich sein, wenn

- der Betreute einsetzbares Vermögen im Sinne des § 1880 BGB hat, das zur vollständigen Befriedigung des Betreuers nicht ausreicht,
- der Betreute nachträglich zu Geld kommt, oder
- festgestellt wird, dass der Betreute zu Unrecht für mittellos gehalten wurde.

Gerichtliche Einziehungsbeschlüsse müssen die geltend gemachten Forderungen ausreichend bestimmt bezeichnen. Wird der Regress nicht auf sämtliche aus der Staatskasse geleisteten Vergütungszahlungen erstreckt (z. B. mangels ausreichenden Vermögens des Betreuten), sind die geltend gemachten, auf die Staatskasse übergegangenen Vergütungsforderungen im Einzelnen aufzuführen (LG Kassel, Beschl. v. 25.1.2018 – 3 T 27/18).

Das Betreuungsgericht muss nicht mit der Festsetzung des Rückforderungsanspruchs der Staatskasse warten, bis der Sozialhilfeträger einen rechtskräftigen Bescheid erlassen hat. Ein solcher Vorrang des Sozialhilfeträgers gegenüber dem Regressanspruch der Staatskasse ist dem Gesetz nicht zu entnehmen. Die beiden Ansprüche stehen vielmehr gleichrangig nebeneinander, sodass letztlich nur die schnellere Bearbeitungszeit entscheidet (BGH, Beschl. v. 30.4.2014 – XII ZB 704/13).

Zu befriedigen ist die Forderung, die als erste durchgesetzt wird. Das haftende Aktivvermögen wird nicht bereits durch das Bestehen und die Titulierung eines Anspruchs geschmälert, sondern erst mit dessen Durchsetzung (OLG Stuttgart, Beschl. v. 29.6.2007 – 8 W 245/07).

Hat allerdings der Sozialhilfeträger den Miterbenanteil des Betreuten (den dieser im Wege der Erbfolge erlangt hat) gepfändet und sich überweisen lassen, ist dieser Anteil aus dem Vermögen des Betreuten abgeflossen, sodass er für den Regress der Staatskasse nicht mehr zur Verfügung steht (LG Siegen, Beschl. v. 25.2.2014 – 4 T 13/14).

Ist der Betroffene zum Zeitpunkt der letzten tatrichterlichen Entscheidung wegen fehlender Verwertbarkeit eines Vermögenswerts mittellos, scheidet die Festsetzung einer Regresszahlung auch zum Zweck der dinglichen Absicherung des bei später eingetretener Leistungsfähigkeit des Betreuten festsetzbaren Rückgriffsanspruchs aus

(OLG Frankfurt, Beschl. v. 3.12.2002 – 20 W 366/02 und v. 11.8.2008 – 20 W 211/08).

Wegen eines Miterbenanteils, dessen Höhe mangels Auseinandersetzung noch nicht ermittelt ist, kann ein Rückgriffsanspruch gegen den Betreuten noch nicht festgesetzt werden (OLG Schleswig, Beschl. v. 5.2.2003 – 2 W 172/02).

4.7.2 Verjährung

Die gemäß § 15 Abs. 2 VBVG i. V. m. § 1881 BGB auf die Staatskasse übergegangenen Vergütungs- bzw. Aufwendungsersatzansprüche des Betreuers verjähren innerhalb von drei Jahren, § 195 BGB.

Der Beginn der Verjährungsfrist setzt voraus, dass der Anspruch entstanden ist (§ 199 Abs. 1 Nr. 1 BGB). Der Rückforderungsanspruch entsteht gemäß § 1881 BGB in dem Moment, in dem die Staatskasse den Betreuer befriedigt und der Anspruch auf die Staatskasse übergeht. Aufgrund von § 199 Abs. 1 i. V. m. § 187 Abs. 1 BGB beginnt die Verjährungsfrist am 1.1. des Jahres, das dem Jahr des Anspruchsübergangs folgt, und endet gemäß § 188 Abs. 2 BGB nach drei Jahren am Jahresende um 24 Uhr. Eine Hemmung der Verjährungsfrist durch Einleitung des Regressverfahrens tritt nicht ein (Felix. In: Bienwald, Betreuungsrecht, 7. Auflage 2023, § 1881 BGB, Rn. 36).

Beispiel:

Die Staatskasse zahlt an den Betreuer Vergütungsleistungen für den Zeitraum vom 21.7.2022 bis zum 20.10.2022 und ab dem 21.1.2023 in Höhe der jeweils fälligen Ansprüche (3-Monatsrhythmus). Nachdem der Betreute zu Vermögen gekommen ist, erlässt das Betreuungsgericht am 4.3.2026 eine Regressentscheidung über die gesamten Zahlungen aus der Staatskasse.

Die Verjährung des Rückforderungsanspruchs für das Jahr 2022 beginnt am 1.1.2023 und endet mit Ablauf des 31.12.2025. Die Verjährung der weiteren Rückforderungsansprüche beginnt am 1.1.2024 und ist am 4.3.2026 noch nicht eingetreten. Somit kann die Verjährung nur für den Anspruch aus 2022 geltend gemacht werden.

Die Staatskasse beachtet die Verjährung nicht von Amts wegen; sie macht grundsätzlich alle erbrachten Leistungen an den Betreuer geltend. Verlangt sie einen verjährten Regressbetrag, hat der Betreute ein Leistungsverweigerungsrecht, § 214 Abs. 1 BGB, das der Betreuer zu beachten hat. Keinesfalls darf er noch leisten, da eine Rückforderung ausgeschlossen ist, § 214 Abs. 2 Satz 1 BGB. Leistet er dennoch, ist er dem Betreuten schadensersatzpflichtig, § 1826 BGB.

Der Betreuer muss im Namen des Betreuten die Einrede der Verjährung erheben, da diese nicht von Amts wegen berücksichtigt wird. Deshalb hat er bei Regressbeschlüssen des Betreuungsgerichts immer zu prüfen, ob nicht evtl. bereits verjährte Ansprüche enthalten sind.

Ein bestellter Verfahrenspfleger kann für den Betreuten nicht die Einrede der Verjährung erheben, da er nicht gesetzlicher Vertreter ist und es sich bei der Verjährungseinrede nicht um eine Verfahrenshandlung, sondern um eine Änderung der materiellen Rechtslage handelt (BGH, Beschl. v. 22.8.2012 – XII ZB 474/11).

4.7.3 Anspruch der Staatskasse gegen den Erben des Betreuten

Nach dem Tod des Betreuten gehen seine Verbindlichkeiten gegenüber der Staatskasse, soweit sie noch nicht erloschen sind, als Nachlassverbindlichkeiten auf den Erben über, § 1967 BGB. Der Erbe haftet nur mit dem Wert des Nachlasses, der zum Zeitpunkt des Erbfalles vorhanden ist, § 15 Abs. 2 VBVG i. V. m. § 1881 Satz 2 Halbsatz 1 BGB; haftungsbegrenzende Maßnahmen muss der Erbe nicht ergreifen.

Zwar kann sich der Erbe nicht auf § 1880 BGB berufen (§ 1881 Satz 2 Halbsatz 2 i. V. m. § 1880 Abs. 2 BGB), sodass insbesondere die Vermögensfreistellungen des § 90 Abs. 2 SGB XII nicht greifen, aber durch die Verweisung auf § 102 Abs. 3 SGB XII verbleiben ihm dennoch Freibeträge, § 1881 Satz 2 Halbsatz 2 BGB.

- § 102 Abs. 3 Nr. 1 SGB XII:
  (dreifacher Grundbetrag nach § 85 Abs. 1 SGB XII) 3.378 EUR (ab 1.1.2025)
- § 102 Abs. 3 Nr. 2 SGB XII:
  15.340 EUR, wenn der Erbe der Ehegatte des Betreuten oder mit diesem verwandt ist und nicht nur vorübergehend bis zum Tode des Betreuten mit diesem in häuslicher Gemeinschaft gelebt und ihn gepflegt hat;

- § 102 Abs. 3 Nr. 3 SGB XII:
  unbezifferter Betrag, wenn die Inanspruchnahme des Erben nach der Besonderheit des Einzelfalls eine besondere Härte bedeutet; dies könnte der Fall sein, wenn der Erbe den Betreuten gemäß Nummer 2 gepflegt hat, aber nicht Verwandter ist.

Eine besondere Härte im Sinne des § 102 Abs. 3 Satz 3 SGB XII ist nur bei außergewöhnlich gelagerten Sachverhalten anzunehmen, die es unter Berücksichtigung aller Umstände des Einzelfalles als unbillig erscheinen lassen, den Erben für den Kostenersatz in Anspruch zu nehmen. Sie muss besonders gewichtig sein, also objektiv besonders schwer wiegen, und sich in der Person des Erben realisieren (BGH, Beschl. v. 27.8.2014 – XII ZB 133/12).

Bestattungskosten sind nicht aus dem Freibetrag zu decken. Dieser ist dem Erben (uneingeschränkt) zu belassen (OLG Düsseldorf, Beschl. v. 16.5.2002 – 25 Wx 5/02; OLG Frankfurt, Beschl. v. 10.11.2003 – 20 W 269/03). Das bedeutet, dass die Beerdigungskosten zunächst aus dem Nachlass zu erbringen sind, dann wird der Freibetrag abgezogen und nur der verbleibende Rest steht für den Regress der Staatskasse zur Verfügung.

Beispiel:

Der Betreute ist verstorben und hinterlässt einen Nachlass von 8.200 EUR. Die Staatskasse hat einen Anspruch von 2.000 EUR aus § 1881 Satz 1 BGB gegen den Erben. Die Beerdigungskosten betragen 3.100 EUR.

Nachlass:	8.200 EUR
Beerdigungskosten:	– 3.100 EUR
Freibetrag (§ 1881 Satz 2 BGB i. V. m. § 102 Abs. 3 Nr. 1 SGB XII):	– 3.378 EUR
durchsetzbarer Regressanspruch der Staatskasse:	1.722 EUR

Der jeweilige Freibetrag wird beim Vorhandensein mehrerer Erben nur einmal zugebilligt; er wird entsprechend der Erbquoten aufgeteilt. Allerdings wird der Freibetrag nach § 102 Abs. 3 Nr. 1 SGB XII neben dem nach Nummer 2 gewährt, wenn mindestens ein Erbe dessen Voraussetzungen erfüllt. In diesem Fall werden die

Freibeträge anteilig unter den Erben aufgeteilt, die unter Nummer 1 und 2 fallen.

Der Wert des Nachlasses nach § 1881 Satz 2 BGB ist durch Abzug der Nachlassverbindlichkeiten von dem Aktivvermögen zu ermitteln. Zu den zu berücksichtigenden Nachlassverbindlichkeiten gehören dabei vor allem diejenigen Verpflichtungen, die vom Erblasser herrühren oder die im Zeitpunkt des Erbfalles bereits dem Grunde nach angelegt waren und wegen ihrer Zwangsläufigkeit für den Erben Vorrang beanspruchen können. Demgegenüber mindern gleich- oder gar nachrangige Nachlassverbindlichkeiten den Nachlasswert nicht. Die aus einer Vermächtnisanordnung folgende Verpflichtung ist gegenüber dem staatlichen Regressanspruch nachrangig und daher ohne Einfluss auf den Nachlasswert (BGH, Beschl. v. 27.8.2014 – XII ZB 133/12).

Die Festsetzung des Rückgriffsanspruchs der Staatskasse gegen den Erben eines Betreuten scheidet nicht allein deshalb aus, weil dem Betreuten auch Sozialhilfe gewährt wurde und der Sozialhilfeträger den Erben auf Ersatz der Sozialhilfekosten in Anspruch nimmt. Der Kostenersatzanspruch des Sozialhilfeträgers nach § 102 SGB XII hat gegenüber dem Regressanspruch der Staatskasse allenfalls gleichen Rang (BayObLG, Beschl. v. 3.3.2005 – 3Z BR 192/04). Wurde Sozialhilfe als Darlehen gewährt, ist der entsprechende Rückzahlungsanspruch des Sozialhilfeträgers bei der Ermittlung des Nachlasswerts nach § 1881 Satz 2 BGB vorrangig als Nachlassverbindlichkeit zu berücksichtigen. Führt dies zu einer Überschuldung des Nachlasses, scheidet eine Regressforderung der Staatskasse aus (LG Saarbrücken, Beschl. v. 29.12.2008 – 3 T 385/07).

Der Anspruch der Staatskasse gegen den Erben erlischt drei Jahre nach dem Tod des Betreuten, § 1881 Satz 2 Halbsatz 2 BGB i. V. m. § 102 Abs. 4 SGB XII. Es kommt nicht auf den Ablauf des Jahres an, da § 102 Abs. 4 nicht auf § 103 Abs. 3 Satz 1 SGB XII verweist.

5. Vergütung und Aufwendungsersatz des Verfahrenspflegers

5.1 Allgemeines

Der Verfahrenspfleger kann seine Ansprüche gemäß § 277 FamFG geltend machen. Dabei ist § 277 Abs. 1 FamFG auf den ehrenamtlichen Verfahrenspfleger anzuwenden, während § 277 Abs. 2 und 3 FamFG den beruflichen Verfahrenspfleger betreffen. Für den in Unterbringungs- und Freiheitsentziehungssachen bestellten Verfahrenspfleger verweist § 318 FamFG auf § 277 FamFG.

5.2 Ehrenamtlicher Verfahrenspfleger

Der Aufwendungsersatz wird in § 277 Abs. 1 FamFG geregelt. Auf § 1877 Abs. 1, 2 und 4 Satz 1 BGB wird verwiesen.

Der ehrenamtliche Verfahrenspfleger kann seine Aufwendungen, insbesondere Fahrt-, Telefon- und Portokosten, geltend machen, § 1877 Abs. 1 Satz 1 BGB (siehe Ziff. 2.2.1).

Auch Aufwendungen gemäß § 1877 Abs. 2 BGB sind erstattungsfähig, § 277 Abs. 1 Satz 1 FamFG. Es handelt sich um angemessene Haftpflichtversicherungskosten, soweit sie Schäden betreffen, die der Verfahrenspfleger dem Betreuten zufügt, oder solche, die dem Pfleger dadurch entstehen, dass er bei der Führung seines Amts einem Dritten gegenüber schadensersatzpflichtig wird. Die in den einzelnen Bundesländern bestehenden Regelungen, die ehrenamtliche Betreuer in eine bestehende Sammelhaftpflichtversicherung einbeziehen, sind regelmäßig auch auf Verfahrenspfleger anzuwenden; es empfiehlt sich jedoch eine Nachfrage beim jeweiligen Betreuungsgericht.

Eine pauschalierte Aufwandspauschale gemäß § 1878 BGB scheidet mangels Verweisung für den ehrenamtlichen Pfleger aus; der ehrenamtliche Verfahrenspfleger hat seine Auslagen (immer) zu beziffern und nachzuweisen.

Vorschuss auf anstehende Aufwendungen kann nicht verlangt werden, § 277 Abs. 1 Satz 3 FamFG.

Nicht erfasst von § 277 Abs. 1 Satz 1 FamFG wird § 1877 Abs. 3 BGB. Somit erlangt der Verfahrenspfleger grundsätzlich keine Erstattung, soweit er seine gewerbe- und berufsspezifischen Dienste einsetzt, für die ein anderer Pfleger, der nicht diese Qualifikationen besitzt, berechtigterweise einen entsprechend qualifizierten Dritten hinzugezogen hätte.

Eine Vergütung wird nicht gewährt, § 277 Abs. 1 Satz 1 FamFG.

5.3 Beruflich tätiger Verfahrenspfleger

Wird die Verfahrenspflegschaft ausnahmsweise berufsmäßig geführt, ist dies in der Bestellung festzustellen, § 277 Abs. 2 Satz 1 FamFG.

Die Feststellung der Berufsmäßigkeit wird durch das Betreuungsgericht (Richter oder Rechtspfleger, je nach funktioneller Zuständigkeit) bei der Bestellung getroffen. Zwar ist die Bestellung an sich formlos möglich, jedoch wird in der Regel ein Beschluss erlassen, der die Feststellung der berufsmäßigen Führung enthält. Nur diese Feststellung verschafft dem Verfahrenspfleger einen Vergütungsanspruch. Vergütungsfähig sind nur Tätigkeiten, die zeitlich nach der Feststellung erbracht werden. Eine rückwirkende Nachholung der Feststellung kommt nur ausnahmsweise in Betracht, wenn sie bei der Bestellung erkennbar versehentlich unterblieben ist (OLG Naumburg, Beschl. v. 9.7.2008 – 4 WF 123/07; OLG Brandenburg, Beschl. v. 27.11.2008 – 10 WF 167/08).

Beruflich tätiger Verfahrenspfleger

Vergütung
§ 277 Abs. 2 Satz 1 FamFG
i. V. m. § 3 Abs. 1 VBVG

Stundenvergütung 26,00 EUR, 33,00 EUR
oder 44,00 EUR

(Erhöhung nach § 3 Abs. 3 VBVG möglich)
Umsatzsteuer fällt nicht an,
Art. 132 Abs. 1 Buchst. g MwStSystRL

Auslagenersatz
§ 277 Abs. 2 Satz 2 FamFG i. V. m. § 4 Abs. 1 VBVG

Auslagen gemäß § 1877 Abs. 1 BGB

keine Haftpflichtversicherungsbeiträge

Die Feststellung der berufsmäßigen Führung wird das Gericht dann treffen, wenn dem Verfahrenspfleger in einem solchen Umfang Verfahrenspflegschaften übertragen sind, dass er sie lediglich im Rahmen seiner Berufsausübung führen kann, oder zu erwarten ist, dass ihm in absehbarer Zeit Pflegschaften in diesem Umfang übertragen sein werden.

5.3.1 Aufwendungsersatz

Der berufliche Verfahrenspfleger macht gemäß § 277 Abs. 2 Satz 1 FamFG i. V. m. § 4 Abs. 1 VBVG seine Aufwendungen nach § 1877 Abs. 1 BGB geltend; Haftpflichtversicherungsbeiträge nach § 1877 Abs. 2 BGB werden ihm nicht erstattet.

5.3.2 Vergütung

Durch die Verweisung in § 277 Abs. 2 Satz 1 FamFG auf die §§ 3 bis 5 VBVG steht dem beruflichen Verfahrenspfleger eine Vergütung zu.

Die Vergütung berechnet sich nach der aufgewendeten und erforderlichen Zeit, § 3 Abs. 1 Satz 1 VBVG. Vergütet wird nur der für die Erfüllung der angeordneten Aufgaben notwendige Zeitaufwand; insoweit ist der geltend gemachte (Zeit-)Aufwand einer Plausibilitätsprüfung zu unterziehen. Die Vergütung dient auch der Abgeltung anteiliger allgemeiner (sachlicher und personaler) Bürokosten des Verfahrenspflegers.

Der allgemeine betriebliche Aufwand, den der berufsmäßige Verfahrenspfleger zur Schaffung der organisatorischen Grundlage seiner Berufsausübung zu betreiben hat, ist nicht gesondert vergütungsfähig; dies gilt insbesondere auch für den Zeitaufwand zur Erstellung einer prüffähigen Rechnung für seine vergütungsfähigen Tätigkeiten.

Das Studium der Literatur ist nicht erstattungsfähig; diese Tätigkeit dient nicht der Erfüllung der konkret gestellten Aufgabe als Verfahrenspfleger, sondern dem allgemeinen Eigeninteresse des Verfahrenspflegers.

Soweit der Verfahrenspfleger Büro- und Schreibarbeiten selbst erledigt hat, kann er diese nicht nach einem Stundensatz abrechnen, der ihm wegen seiner besonderen Qualifikation im Sinne von § 3 Abs. 1 Satz 2 VBVG bewilligt wurde. Vielmehr ist dieser Zeitaufwand nur nach einem (geringeren) Stundensatz für eine Bürokraft zu vergüten (OLG Oldenburg, Beschl. v. 7.6.2002 – 12 WF 43/02).

Gemäß § 3 Abs. 1 Satz 1 und 2 VBVG ergeben sich drei Vergütungsstufen:

Stundensatz	Kenntnisse des Verfahrenspflegers, die für die Führung der Pflegschaft nutzbar sind
26,00 EUR	allgemeine Eignung
33,00 EUR	besondere Kenntnisse wurden durch eine abgeschlossene Lehre oder eine vergleichbare abgeschlossene Ausbildung erworben
44,00 EUR	Kenntnisse wurden durch eine abgeschlossene Ausbildung an einer Hochschule oder durch eine vergleichbare abgeschlossene Ausbildung erworben

Erbringt der Verfahrenspfleger Tätigkeiten werktäglich zwischen 18 und 6 Uhr sowie an Samstagen oder an Sonn- oder Feiertagen, so erhöht sich der zu bewilligende Stundensatz um 25 %, wenn das Gericht feststellt, dass die Angelegenheit in dieser Zeit wahrzunehmen war, § 16 VBVG (sog. Bereitschaftsvergütung). Die Stundensätze betragen dann: 32,50 EUR, 41,25 EUR und 55,00 EUR.

Einen höheren, als den in § 3 Abs. 1 VBVG vorgesehenen Stundensatz kann das Betreuungsgericht ausnahmsweise bewilligen, wenn besondere Schwierigkeiten vorliegen und der Betreute vermögend ist, da § 277 Abs. 2 Satz 2 FamFG auch auf § 3 Abs. 3 VBVG verweist.

Für die Tätigkeit als Verfahrenspfleger gemäß §§ 276 und 317 FamFG gilt Umsatzsteuerbefreiung, Art. 132 Abs. 1 Buchst. g MwStSystRL. Siehe hierzu BFH (Urt. v. 25.11.2021 – V R 34/19).

Für solche Dienste, die zu seinem Gewerbe oder Beruf gehören, kann der berufliche Verfahrenspfleger anstelle der Vergütung als Aufwendung Ersatz in entsprechender Anwendung des § 1877 Abs. 3 BGB verlangen, § 277 Abs. 2 Satz 2 FamFG i. V. m. § 4 Abs. 2 VBVG. Soweit ein Rechtsanwalt alternativ seine Vergütung nach dem RVG beansprucht, tritt keine Erhöhung des Vergütungssatzes nach § 16 VBVG ein, sondern es hat mit der Vergütung (Gebühren und Auslagen) nach dem RVG sein Bewenden.

Ein vor (wirksamer) Bestellung zum Verfahrenspfleger geleisteter Zeitaufwand ist selbst dann nicht vergütungsfähig, wenn er auf Veranlassung des Gerichts getätigt wurde (OLG Brandenburg, Beschl. v. 10.12.2008 – 9 WF 190/08). Wirksam wird die Bestellung in der Regel mit (schriftlicher) Bekanntgabe der Entscheidung an den Verfahrenspfleger, § 40 Abs. 1 FamFG. Einem Anwesenden kann der Beschluss auch durch Verlesen der Beschlussformel bekannt gegeben werden, § 41 Abs. 2 FamFG. Wird der Beschluss elektronisch zugestellt, so gilt nach § 173 Abs. 4 ZPO (anwendbar über § 15 Abs. 2 Satz 1 FamFG) die Zustellung am vierten Tag nach der in der Regel sofort erstellten Eingangsbestätigung und damit nach Absendung als zugegangen. In diesem Fall kommt es nicht auf den Zeitpunkt der Zugangsmöglichkeit des Betreuers zu seinem Postfach oder einer tatsächlichen Kenntnisnahme an; auch bei sofortiger Kenntnisnahme beginnt eine nach dem Zustellungsdatum berechnete Frist daher nicht, früher zu laufen (es handelt sich um eine Zugangsfiktion, nicht um eine Zugangsvermutung). Dies gilt nicht im Fall von § 173 Abs. 2 und 3 ZPO.

Anstelle des Aufwendungsersatzes und der Vergütung nach § 277 Abs. 2 FamFG kann das Betreuungsgericht dem Verfahrenspfleger einen festen Geldbetrag zubilligen, wenn die für die Führung der Pflegschaftsgeschäfte erforderliche Zeit vorhersehbar und ihre Ausschöpfung durch den Pfleger gewährleistet ist, § 277 Abs. 3 Satz 1 FamFG.

Fester Geldbetrag (Pauschale)

§ 277 Abs. 3 FamFG

Vergütungssätze nach § 3 Abs. 1 VBVG
(26,00 EUR, 33,00 EUR oder 44,00 EUR)

+

Aufwandspauschale 4 EUR pro Stunde

Die für die Führung der Pflegschaftsgeschäfte erforderliche Zeit ist vorhersehbar und ihre Ausschöpfung durch den Pfleger gewährleistet.

Bei der Bemessung des pauschalen Geldbetrags ist die voraussichtlich erforderliche Zeit mit den in § 3 Abs. 1 VBVG bestimmten Stundensätzen zuzüglich einer Aufwandspauschale von 4 EUR je veranschlagter Stunde zu vergüten, § 277 Abs. 3 Satz 2 FamFG.

Stundensatz	Kenntnisse des Verfahrenspflegers, die für die Führung der Pflegschaft nutzbar sind
30,00 EUR	allgemeine Eignung
37,00 EUR	besondere Kenntnisse wurden durch eine abgeschlossene Lehre oder eine vergleichbare abgeschlossene Ausbildung erworben
48,00 EUR	Kenntnisse wurden durch eine abgeschlossene Ausbildung an einer Hochschule oder durch eine vergleichbare abgeschlossene Ausbildung erworben

Eines Nachweises der vom Verfahrenspfleger aufgewandten Zeit und der tatsächlichen Aufwendungen bedarf es nicht; weitergehende Aufwendungsersatz- und Vergütungsansprüche des Verfahrenspflegers sind ausgeschlossen, § 277 Abs. 3 Satz 3 FamFG.

Da die Festsetzung von Amts wegen oder auf Antrag des Verfahrenspflegers erfolgen kann, § 277 Abs. 4 Satz 2 i. V. m. § 292 Abs. 1 FamFG, ist eine Zustimmung bei einer Festsetzung von Amts wegen nicht vorgesehen. Als zweckmäßig dürfte es sich in der Praxis allerdings bewähren, wenn Betreuungsgericht und Verfahrenspfleger Einigkeit über die Höhe der Pauschale erzielen. Fühlt sich der Pfleger benachteiligt, verbleibt ihm nur die Möglichkeit der Beschwerde nach § 58 FamFG.

Die rückwirkende Festsetzung einer Pauschalvergütung ist unzulässig. Nach dem Gesetzeswortlaut sowie nach Sinn und Zweck der Vorschrift kann eine solche Vergütungspauschale nur für zukünftige Tätigkeiten des Pflegers festgesetzt werden. Die Verfahrensweise, den Pfleger zunächst quasi als Test für die von ihm benötigte Zeit tätig werden zu lassen und dann rückwirkend eine Vergütungspauschale festzusetzen, findet im Gesetz keine Stütze.

Der erforderliche Zeitaufwand für die Geschäfte des Verfahrenspflegers muss vorhersehbar sein. Verlangt wird zur Nachprüfbarkeit der Prognoseentscheidung, dass erkennbar ist, von welcher voraussichtlich erforderlichen Zeit bei der Bemessung des Pauschalbetrags ausgegangen wurde.

Die Ausschöpfung der Pauschale muss durch den Pfleger gewährleistet sein. Das bedeutet, dass er die in der Pauschale vorgegebene Zeit auch tatsächlich für seine Tätigkeit verwendet, wobei geringfügige Abweichungen hingenommen werden können. Unklar ist allerdings, wie das Betreuungsgericht nachträglich feststellen kann, ob die Zeitvorgabe ausgeschöpft wurde, wenn der Betreuer nicht zu einem Nachweis verpflichtet ist.

Die Zubilligung eines festen Geldbetrags bezieht sich nur auf den jeweiligen Rechtszug. Damit werden Ansprüche auf Vergütung und Aufwendungsersatz, die sich aus der Tätigkeit des Verfahrenspflegers in einer nachfolgenden Instanz ergeben, nicht ausgeschlossen (BGH, Beschl. v. 24.2.2021 – XII ZB 485/20).

5.3.3 Mitarbeiter eines Betreuungsvereins als Verfahrenspfleger

Ein Mitarbeiter eines anerkannten Betreuungsvereins kann als beruflicher Verfahrenspfleger bestellt werden.

In diesem Fall kann der Verein für die durch seinen Mitarbeiter gemäß § 277 Abs. 2 Satz 2 FamFG erbrachten Aufwendungen in entsprechender Anwendung des § 5 Abs. 1 Satz 2 VBVG i. V. m. § 1877 Abs. 1 BGB Ersatz verlangen. § 1877 Abs. 3 BGB findet keine Anwendung, § 5 Abs. 1 Satz 2 Halbsatz 2 i. V. m. § 4 Abs. 2 VBVG. Allgemeine Verwaltungskosten werden nicht ersetzt, § 5 Abs. 1 Satz 3 VBVG.

Dem Verein kann eine Vergütung für die durch den Mitarbeiter erbrachten Leistungen gewährt werden, § 277 Abs. 2 Satz 1 FamFG i. V. m. der entsprechenden Anwendung des § 5 Abs. 1 Satz 1 VBVG. Die Berechnung erfolgt nach § 3 Abs. 1 bis 4 VBVG. Ebenfalls Anwendung findet die Erhöhung der Stundensätze um 25 % nach § 16 VBVG, wenn das Gericht feststellt, dass die Tätigkeiten des Verfahrenspflegers werktäglich zwischen 18 und 6 Uhr, an Samstagen oder an Sonn- und Feiertagen wahrzunehmen sind.

Der Verfahrenspfleger selbst kann keine Vergütung und keinen Aufwendungsersatz geltend machen, § 5 Abs. 2 VBVG.

5.3.4 Verein oder Behörde als Verfahrenspfleger

Als Verfahrenspfleger ist immer eine natürliche Person zu bestellen, § 276 Abs. 4 Satz 1 FamFG. Damit können weder ein Verein noch die Betreuungsbehörde als Verfahrenspfleger bestellt werden.

Die Bestellung eines Bediensteten der Betreuungsbehörde als Verfahrenspfleger ist nicht (mehr) vorgesehen, da ein Abhängigkeitsverhältnis zur Betreuungsbehörde besteht und dadurch die Bestellung nicht im Einklang mit der von dem Gericht sowie den weiteren Beteiligten und damit auch von der Betreuungsbehörde unabhängigen Stellung und Aufgabe des Verfahrenspflegers steht (BT-Drucks. 19/24445, S. 331).

5.3.5 Erlöschen der Ansprüche

Die Ansprüche des ehrenamtlichen Verfahrenspflegers auf Erstattung seiner Aufwendungen erlöschen, wenn sie nicht binnen 15 Monaten nach ihrer Entstehung gerichtlich geltend gemacht werden, § 277 Abs. 1 Satz 1 FamFG i. V. m. § 1877 Abs. 4 Satz 1 BGB. Dies gilt auch für Ansprüche des beruflichen Verfahrenspflegers auf Vergütung und Aufwendungsersatz, § 277 Abs. 2 Satz 2 FamFG i. V. m. § 2 Abs. 2 Satz 1 VBVG.

Geltendmachung bedeutet, dass der Anspruch gegenüber dem Betreuungsgericht, verbunden mit einer Erstattungsforderung, beziffert wird; Belege können dabei nachgereicht werden. Für die Entstehung des Anspruchs ist der Zeitpunkt maßgebend, an dem der Verfahrenspfleger die zu erstattende Tätigkeit vornimmt.

5.4 Verfahrensregelungen

Vergütung oder Aufwendungsersatz werden immer aus der Staatskasse gezahlt, unabhängig davon, ob der Betreute vermögend oder mittellos ist, § 277 Abs. 4 Satz 1 FamFG.

Soweit die Staatskasse Zahlungen an den Verfahrenspfleger erbringt, handelt es sich um Auslagen nach Nr. 31015 KV GNotKG, die vom Betreuten wieder erhoben werden können, soweit § 1880 BGB eine Inanspruchnahme zulässt (keine Mittellosigkeit).

Nach § 277 Abs. 4 Satz 2 FamFG findet auf das Erstattungsverfahren § 292 Abs. 1 und 5 FamFG entsprechende Anwendung. Auslagenersatz, Stundenvergütung oder pauschalierter Geldbetrag werden auf Antrag gegen die Staatskasse festgesetzt, § 292 Abs. 1 Satz 1 FamFG; eine Festsetzung von Amts wegen ist ebenfalls möglich.

Ist eine Festsetzung nicht beantragt, sind gemäß § 292 Abs. 5 FamFG die Vorschriften über das Verfahren bei der Entschädigung von Zeugen hinsichtlich ihrer baren Auslagen sinngemäß anzuwenden, somit das JVEG. Der Urkundsbeamte der Geschäftsstelle am Betreuungsgericht berechnet den Erstattungsbetrag und weist die Justizkasse an, die beantragten Zahlungen zu leisten.

Zur schlüssigen Geltendmachung seines Vergütungsanspruchs hat der Verfahrenspfleger eine ordnungsgemäße, fälligkeitsbegründende Abrechnung zu erteilen, die den allgemeinen Anforderungen an die Prüffähigkeit in Rechnung gestellter Zeithonorare genügt. Hierbei hat er neben der Darlegung der konkreten Erforderlichkeit auch Ort, Datum und Dauer (Uhrzeit von Beginn und Ende) seiner abzurechnenden Tätigkeit anzugeben. Will der Verfahrenspfleger auch die Fahrtzeit zu Gesprächsterminen vergütet haben, hat er zudem anzugeben, weshalb er es für unabdingbar halten durfte, seinen Gesprächspartner aufzusuchen, statt diesen – aus Gründen der Zeit- und Kostenersparnis – zu sich zu bitten (OLG Brandenburg, Beschl. v. 28.1.2002 – 15 WF 235/01).

Die gerichtliche Festsetzung nach § 292 Abs. 1 FamFG unterliegt als Endentscheidung der Beschwerde, § 58 FamFG. Wurde lediglich nach § 292 Abs. 5 FamFG eine Zahlung aus der Staatskasse (ohne Festsetzung) vorgenommen, scheidet eine Beschwerdemöglichkeit aus. In diesem Fall kann aber zur Klärung der Sachlage noch eine gerichtliche Festsetzung beantragt werden, die dann beschwerdefähig ist.

5.5 Rechtsanwalt als Verfahrenspfleger

Wird ein Rechtsanwalt als Verfahrenspfleger bestellt, wird seine Vergütung grundsätzlich nach § 277 Abs. 4 Satz 1 FamFG aus der Staatskasse gezahlt und berechnet sich nach § 277 Abs. 2 FamFG i. V. m. § 3 VBVG; die Pauschalierung nach § 277 Abs. 3 FamFG ist möglich.

§ 1 Abs. 2 Satz 2 RVG verdeutlicht an sich, dass auch ein Rechtsanwalt seine Tätigkeit als Verfahrenspfleger nicht nach den Bestimmungen des RVG abrechnen kann. Das BVerfG (Beschl. v. 7.6.2000 – 1 BvL 1/99) führt in seiner Entscheidung aus, dass sich der Gesetzgeber vom Grundgedanken des § 1877 Abs. 3 BGB (bis 1.1.2023: § 1835 Abs. 3 BGB) nicht entfernen wollte, allerdings verdeutlicht § 1 Abs. 2 Satz 2 RVG, dass die Führung einer Verfahrenspflegschaft allein nicht als Erbringung anwaltlicher Dienste in diesem Sinn angesehen werden kann. Bejaht wird die Anwendung des § 1877 Abs. 3

BGB (Abrechnung nach RVG) dann auf die Tätigkeit des Verfahrenspflegers, wenn ein anderer Verfahrenspfleger (juristischer Laie) für seine Aufgabenbewältigung vernünftigerweise einen Rechtsanwalt hinzugezogen hätte (BGH, Beschl. v. 16.12.2020 – XII ZB 410/20). Die Führung einer Verfahrenspflegschaft an sich kann aber noch nicht als Erbringung anwaltlicher Dienste angesehen werden. Das bedeutet, dass der Rechtsanwalt für eine bestimmte Verfahrenspflegschaft wegen seines Berufs – unter Angabe der konkreten Gründe – durch das Gericht bestellt werden muss.

Die in dem Beschluss über die Bestellung eines Verfahrenspflegers getroffene Anordnung, dass die Verfahrenspflegschaft berufsmäßig ausgeübt werde, hat nur zur Folge, dass der Verfahrenspfleger überhaupt eine Vergütung beanspruchen kann, § 277 Abs. 2 FamFG. Eine Aussage darüber, nach welchen Vorschriften sich die Vergütung bemisst, nach VBVG oder nach RVG, ist mit dem Zusatz „berufsmäßig" nicht verbunden. Nur wenn im Bestellungsbeschluss die Feststellung getroffen wurde, dass eine anwaltsspezifische Tätigkeit erforderlich ist, kann der als Verfahrenspfleger bestellte Rechtsanwalt seine Vergütung nach dem RVG berechnen.

Die Frage, unter welchen Umständen ein Verfahrenspfleger im Einzelfall die Voraussetzungen erfüllt, unter denen ihm eine Vergütung nach dem Rechtsanwaltsvergütungsgesetz zu bewilligen ist, obliegt einer wertenden Betrachtung des Tatrichters (BGH, Beschl. v. 24.9.2014 – XII ZB 444/13; Beschl. v. 8.1.2025 – XII ZB 477/22).

Ein zum Verfahrenspfleger bestellter Rechtsanwalt kann eine Vergütung nach RVG verlangen, wenn die zu erledigenden Dienste derart schwierig oder bedeutend sind, dass ein als Verfahrenspfleger tätiger Nichtjurist einen Rechtsanwalt hinzuziehen würde (vgl. z. B. BGH, Beschl. v. 27.6.2012 – XII ZB 685/11).

Die gerichtliche Feststellung, dass eine anwaltsspezifische Tätigkeit erforderlich ist, ist für die anschließende Vergütungsfestsetzung bindend. Auf die Frage, wie bzw. ob die Erforderlichkeit im Einzelnen durch das Gericht begründet ist, kommt es nicht an (BGH, Beschl. v. 17.11.2010 – XII ZB 244/10).

Ein Rechtsanwalt, der „als Rechtsanwalt" zum Verfahrenspfleger des Betroffenen bestellt wird, kann zwar Vergütungsansprüche nach dem RVG gegenüber der Staatskasse geltend machen (OLG Stuttgart, Beschl. v. 10.1.2003 – 8 W 537/01), aber im Falle der Mittellosigkeit des Betroffenen nur diejenigen eines im Verfahrenskostenhilfeverfahren beigeordneten Rechtsanwalts (OLG Köln, Beschl. v. 29.9.2003 – 16 Wx 165/03). Dem anwaltlichen Verfahrenspfleger eines mittellosen Betreuten sind im Rahmen der Abrechnung nach dem RVG die Wertgebühren nach § 49 RVG zugrunde zu legen (BGH, Beschl. v. 16.12.2020 – XII ZB 410/20).

Wird ein Rechtsanwalt als Verfahrenspfleger sowohl im Verfahren der vorläufigen Unterbringung als auch vor der endgültigen Unterbringungsmaßnahme tätig und kann er unter besonderen Voraussetzungen Aufwendungsersatz für berufliche Dienste im Rahmen des RVG verlangen, steht ihm für beide Verfahren jeweils eine Verfahrensgebühr zu (OLG München, Beschl. v. 14.12.2005 – 33 Wx 205/05).

Hat das Betreuungsgericht den anwaltlichen Verfahrenspfleger in einem Verfahren über die Genehmigung einer Unterbringung einerseits und einer freiheitsentziehenden Maßnahme andererseits bestellt, kann er beide Tätigkeiten abrechnen; es handelt sich insoweit nicht um dieselbe Angelegenheit nach § 15 Abs. 2 Satz 1 RVG (BGH, Beschl. v. 12.9.2012 – XII ZB 543/11).

Im Einzelfall kann auch die bestellungsgemäße Tätigkeit eines als Verfahrenspfleger herangezogenen Rechtsanwalts in einem Verfahren zur Erteilung einer betreuungsgerichtlichen Genehmigung anwaltsspezifisch sein, für die ein juristischer Laie in gleicher Lage vernünftigerweise einen Rechtsanwalt zuziehen würde (BGH, Beschl. v. 24.9.2014 – XII ZB 444/13; Beschl. v. 8.1. 2025 – XII ZB 477/22).

Der Anspruch des anwaltlichen Verfahrenspflegers auf Rechtsanwaltsvergütung als Aufwendungsersatz für seine anwaltsspezifischen Dienste erlischt nach § 1877 Abs. 4 Satz 1 BGB, wenn er nicht binnen 15 Monaten nach seiner Entstehung geltend gemacht wird. Die Ausschlussfrist zur Geltendmachung dieses Aufwendungsersatzes beginnt mit der Fälligkeit der Rechtsanwaltsvergütung nach § 8 Abs. 1 RVG (BGH, Beschl. v. 1.2.2023 – XII ZB 104/22).

5. Vergütung und Aufwendungsersatz des Verfahrenspflegers

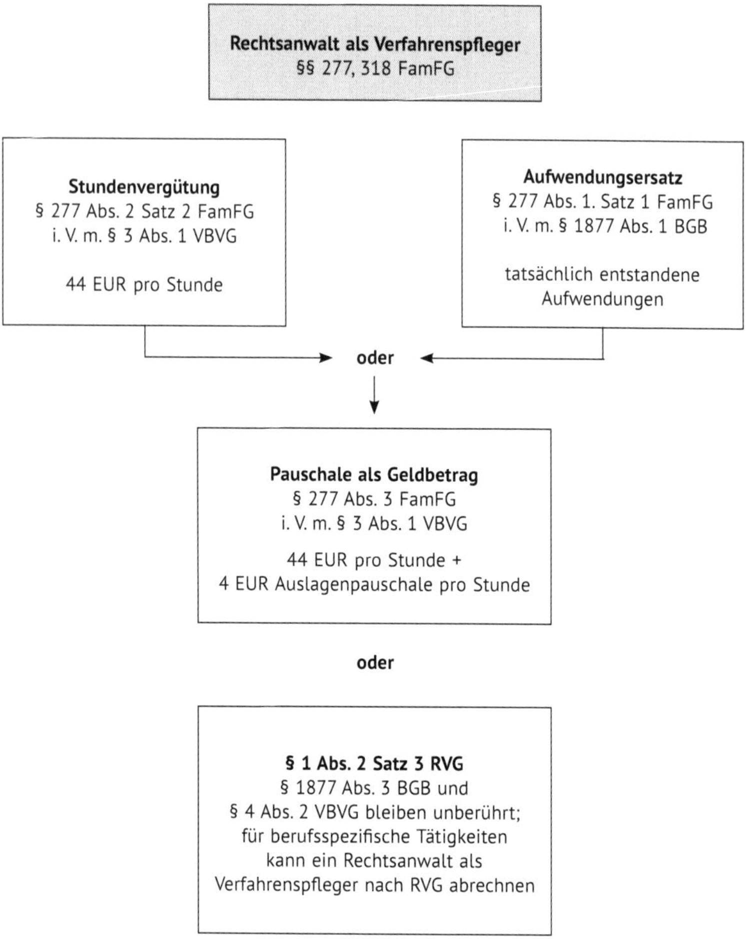

6. Vergütung und Auslagenersatz des Pflegers

6.1 Allgemeines

Im Bereich der betreuungsgerichtlichen Zuweisungssachen nach § 340 Nr. 1 FamFG wird das Betreuungsgericht Personen, die als Betreuer ehrenamtlich oder berufsmäßig tätig sind, auch als Pfleger bestellen, insbesondere als Abwesenheitspfleger (§ 1884 BGB), Pfleger für unbekannte Beteiligte (§ 1882 BGB) oder Pfleger für ein Sammelvermögen (§ 1883 BGB).

Daneben bestellt das Betreuungsgericht in bestimmten Verfahren einem Volljährigen einen Vertreter, § 340 Nr. 2 FamFG. Es handelt sich z. B. um Verfahren nach § 16 VwVfG, § 207 BauGB, § 119 FlurbG, § 15 SGB X oder § 81 AO.

Betreuungsgerichtliche Zuweisungssachen nach § 340 Nr. 1 FamFG

Abwesenheitspfleger (§ 1884 BGB)
Pfleger für unbekannte Beteiligte (§ 1882 BGB)
Pfleger für ein Sammelvermögen (§ 1883 BGB)

(Verfahrens-)Vertreter für einen Volljährigen, § 340 Nr. 2 FamFG
z. B.
§ 16 VwVfG, § 207 BauGB, § 119 FlurbG, § 15 SGB X, § 81 AO

6.2 Pfleger

Der ehrenamtliche Pfleger kann nach § 1888 Abs. 1 BGB wie ein Betreuer Aufwendungsersatz nach § 1877 BGB beanspruchen. Auch kann er die Aufwandspauschale nach § 1878 BGB in Anspruch nehmen. Eine Vergütung steht ihm grundsätzlich nicht zu, § 1876 Satz 1 BGB, mit der Ausnahme des § 1876 Satz 2 BGB.

Der ehrenamtlich tätige Pfleger ist in der Regel in die Sammelhaftpflichtversicherung integriert.

Ansprüche des beruflichen Pflegers

Vergütung	Aufwendungsersatz
§ 1888 Abs. 2 Satz 2 BGB	§ 1888 Abs. 2 Satz 1 BGB
Höhe bestimmt sich nach den für die Führung der Pflegschaftsgeschäfte nutzbaren Fachkenntnisse des Pflegers sowie nach Umfang und Schwierigkeit der Pflegschaftsgeschäfte	§ 4 Abs. 1 VBVG i. V. m. § 1877 Abs. 1 BGB
mindestens § 3 Abs. 1 VBVG	Dienste des Pflegers, die zu seinem Gewerbe oder seinem Beruf gehören
bei Mittellosigkeit immer § 3 Abs. 1 VBVG § 1888 Abs. 2 Satz 1 BGB	§ 4 Abs. 2 VBVG i. V. m. § 1877 Abs. 3 BGB

6

Wird bei der Bestellung des Pflegers die entgeltliche Führung festgestellt, hat er einen Vergütungsanspruch nach § 1888 Abs. 2 Satz 1 BGB i. V. m. den §§ 1 bis 6 VBVG. Die Höhe der Vergütung ergibt sich grundsätzlich aus § 3 VBVG. Allerdings bestimmt § 1888 Abs. 2 Satz 2 BGB, dass sich die Höhe nach den für die Führung der Pflegschaftsgeschäfte nutzbaren Fachkenntnissen des Pflegers sowie nach dem Umfang und der Schwierigkeit der Pflegschaftsgeschäfte bestimmt, soweit der Pflegling nicht mittellos ist. Das bedeutet, dass die in § 3 Abs. 1 VBVG genannten Beträge Mindestsätze darstellen, die nach oben erhöht werden können (Ermessensentscheidung). Richtet sich der Anspruch bei Mittellosigkeit gegen die Staatskasse, verbleibt es allerdings bei den in § 3 Abs. 1 VBVG genannten Beträgen.

Wird ein Mitarbeiter eines anerkannten Betreuungsvereins als „beruflicher Vereinspfleger" bestellt, kann der Verein in analoger Anwendung des § 5 Abs. 1 Satz 1 VBVG eine Vergütung erhalten. Dies gilt auch, wenn der Verein die Pflegschaft führt. Zusätzlich zu der Vergütung kann der Verein gemäß § 5 Abs. 1 Satz 3 VBVG Vorschuss oder Ersatz der Aufwendungen in entsprechender Anwendung von § 1877 Abs. 1 BGB erhalten. Allgemeine Verwaltungskosten werden nicht ersetzt, § 5 Abs. 1 Satz 4 VBVG.

Die Befreiung von der Umsatzsteuer nach § 4 Nr. 16 Buchst. k UStG gilt nicht für die im Rahmen einer betreuungsgerichtlichen Zuweisungssache (§ 340 FamFG) bestellten Pfleger; diese unterliegen der

Umsatzsteuerpflicht. Dies gilt insbesondere auch für den Abwesenheitspfleger nach § 1884 BGB.

6.3 Sonstige Vertreter

Der Vertreter nach § 15 SGB X hat einen Anspruch auf Erstattung seiner Auslagen gegen die Behörde, die um seine Bestellung ersucht hat, § 15 Abs. 3 Satz 1 SGB X. Ähnlich verhält es sich in Verfahren nach § 81 AO; dort bestimmt Absatz 3, dass der Vertreter gegen den Rechtsträger der Finanzbehörde, die um seine Bestellung ersucht hat, Anspruch auf eine angemessene Vergütung und auf die Erstattung seiner Auslagen hat. § 16 Abs. 3 VwVfG und § 119 Abs. 3 FlurbG legen fest, dass der Vertreter gegen den Rechtsträger der Behörden, die um seine Bestellung ersucht haben, Anspruch auf eine angemessene Vergütung und auf die Erstattung seiner Auslagen hat. Die jeweiligen Behörden können von dem Vertretenen Ersatz ihrer Aufwendungen verlangen. Sie bestimmen die Vergütung und stellen die Auslagen und Aufwendungen fest.

Keine Bestimmungen zum Ersatz von Aufwendungen enthält § 207 BauGB, jedoch den Hinweis, dass für die Bestellung und für das Amt des Vertreters die Vorschriften des BGB für die Pflegschaft entsprechend gelten.

6.4 Festsetzungsverfahren

Die Vorschriften des Betreuungsrechts sind auf die Pflegschaften entsprechend anwendbar, § 1888 Abs. 1 BGB. Das Verfahren zur Festsetzung der Vergütung und des Aufwendungsersatzes erfolgt in entsprechender Anwendung des § 292 FamFG.

7. Verfahren zur Geltendmachung von Vergütung, Aufwendungsersatz, Aufwandspauschale und Regressforderungen der Staatskasse

7.1 Allgemeines

§ 292 FamFG regelt das Verfahren zur Entscheidung über Anträge auf Festsetzung einer Vergütung, von Aufwendungsersatz und Aufwandsentschädigung, § 292a FamFG regelt die Zahlungen von Regressansprüchen an die Staatskasse. Nicht geregelt werden in diesen Vorschriften die gegen Entscheidungen möglichen Rechtsbehelfe sowie die Vollstreckbarkeit; diese findet man im allgemeinen Teil des FamFG, nämlich in §§ 58 ff. und §§ 86 ff. FamFG.

7.2 Festsetzung von Ansprüchen des Betreuers

7.2.1 Antrag oder Festsetzung von Amts wegen

Eine Festsetzung durch das Gericht erfolgt in der Regel auf Antrag, den der Betreuer oder der Betreute stellen kann; allerdings kann das Betreuungsgericht auch nach eigenem Ermessen von Amts wegen eine Entscheidung treffen, § 292 Abs. 1 FamFG.

Eine Festsetzung von Amts wegen kann z. B. dann erfolgen, wenn der Betreuer keinen Antrag nach § 292 Abs. 1 FamFG stellt, sondern die sog. Zahlbarmachung gegen die Staatskasse verlangt (§ 292 Abs. 5 FamFG), und das Gericht klarstellen will, warum zweifelhafte Forderungen nicht erstattungsfähig sind.

Im Verfahren über die Beschwerde gegen die Bewilligung einer Betreuervergütung aus der Staatskasse kann auch über einen erstmals von dem Betreuer gestellten Hilfsantrag auf Festsetzung einer Vergütung gegen den Betroffenen entschieden werden (OLG Hamm, Beschl. v. 12.2.2004 – 15 W 62/03).

7.2.2 Festsetzung von Aufwendungsersatz und Aufwandspauschale

Eine gerichtliche Festsetzung von Aufwendungsersatz (§ 1877 BGB) oder einer Aufwandspauschale (§ 1878 BGB) gemäß § 292 Abs. 1 Nr. 1 FamFG erfolgt, wenn sich die Erstattungsansprüche des Betreuers

- gegen die Staatskasse richten (Mittellosigkeit des Betreuten) oder
- zwar gegen den Betreuten selbst richten, der Betreuer aber insoweit nicht die Vermögenssorge hat, um den Erstattungsbetrag selbst dem Betreutenvermögen zu entnehmen.

Unter diesen Voraussetzungen kann auch ein Vorschuss gemäß § 1877 Abs. 1 Satz 1 BGB festgesetzt werden.

Soweit die Vermögenssorge zum Aufgabenkreis des Betreuers gehört, kann er seinen Aufwendungsersatz direkt dem Vermögen des Betreuten entnehmen. Eine Festsetzung ist in diesem Fall nicht nur unnötig, sondern auch unwirksam (BayObLG, Beschl. v. 26.11.1992 – 3Z BR 114/92). Erfasst werden dabei alle Aufwendungen des Betreuers, auch die berufsbezogenen gemäß § 1877 Abs. 3 BGB.

Macht der berufliche Betreuer eine Vergütung nach §§ 8 und 9 VBVG geltend, sind mit den Fallpauschalen die entstandenen Aufwendungen schon abgegolten, § 10 Satz 1 VBVG; eine gesonderte Geltendmachung und Festsetzung entfällt.

Gegenstand des betreuungsgerichtlichen Festsetzungsverfahrens gemäß § 292 Abs. 1 Nr. 1 FamFG kann der Ersatz von Aufwendungen auch dann sein, wenn sich der Aufwendungsersatzanspruch nach Beendigung der Betreuung durch den Tod des Betreuten gegen seine Erben richtet (OLG Hamm, Beschl. v. 20.1.2003 – 15 W 469/02).

Der Betreuer kann auch nach seiner Entlassung Aufwendungen gemäß § 292 Abs. 1 Nr. 1 FamFG gegen den Betreuten festsetzen lassen (LG Freiburg/Breisgau, Beschl. v. 12.3.2003 – 4 T 26/03).

7.2.3 Festsetzung einer Vergütung

Eine gerichtliche Festsetzung der Ansprüche des Betreuers gemäß § 292 Abs. 1 FamFG erfolgt, wenn der Betreuer folgende Leistungen erlangen will:

- Vergütung gemäß §§ 8 und 9 VBVG (Fallpauschale des beruflichen Betreuers)
- Vergütung gemäß § 11 i. V. m. § 3 VBVG (Sonderfälle der beruflichen Betreuung)
- Vergütung gemäß § 1876 Satz 2 BGB (Vergütung des ehrenamtlichen Betreuers)
- Vergütung des Verfahrenspflegers, § 277 Abs. 2 und Abs. 4 Satz 2 FamFG
- Fester Geldbetrag des Verfahrenspflegers, § 277 Abs. 3 und Abs. 4 Satz 2 FamFG
- Abschlagszahlung auf eine Vergütung, § 11 Abs. 1 Satz 2 Halbsatz 2 i. V. m. § 3 Abs. 4 VBVG

Richtet sich der Vergütungsanspruch beim vermögenden Betreuten gegen dessen Vermögen, bedarf es immer einer Festsetzung. Daran ändert beim beruflichen Betreuer auch die Tatsache nichts, dass sein Anspruch mit Erbringung seiner Tätigkeiten entsteht. Eine selbstständige Entnahme aus dem Betreutenvermögen durch den Betreuer scheidet aus, da erst die Entscheidung des Betreuungsgerichts die Rechtsgrundlage für eine Vergütung schafft.

Mit Zugang des Festsetzungsbeschlusses an den Betreuer kann der festgesetzte Betrag dem Vermögen des Betreuten (usw.) entnommen werden. Soweit (der nicht gemäß § 1859 BGB befreite) Betreuer Beträge aus nach § 1845 Abs. 1 BGB versperrten Anlagekonten entnehmen muss, bedarf es einer Genehmigung des Betreuungsgerichts, § 1849 Abs. 1 Satz 1 Nr. 1 BGB. Diese sollte zusammen mit dem Antrag auf Festsetzung angeregt werden. Kann der Betreuer den Betrag dem Girokonto des Betreuten entnehmen, ist unabhängig vom Kontostand keine Genehmigung erforderlich, § 1849 Abs. 2 Satz 1 Nr. 1b BGB.

Hinweis:

Ist für den Betreuer bei der Antragstellung auf Festsetzung klar, dass eine genehmigungsbedürftige Entnahme von einem Konto erforderlich wird, sollte er zusätzlich einen Antrag auf gerichtliche Genehmigung beifügen.

7.2.4 Dauerfestsetzungsbeschluss

Das Betreuungsgericht kann die zu bewilligende Vergütung (§ 292 Abs. 1 Nr. 3 FamFG) auch für zukünftige Zeiträume durch Beschluss festsetzen, § 292 Abs. 2 Satz 1 FamFG. Dies kann auf Antrag des Betreuers oder des Betreuungsvereins, aber auch von Amts wegen erfolgen.

Die Dauerbewilligung erfolgt gemäß § 292 Abs. 2 Satz 1 FamFG grundsätzlich im Festsetzungsverfahren, auch wenn sich der Anspruch gegen die Staatskasse richtet. Fraglich ist, ob auch eine Dauerzahlung aus der Staatskasse nach § 292 Abs. 5 FamFG erfolgen kann. Es ist nicht eindeutig aus dem Gesetz zu entnehmen, ob sich § 292 Abs. 5 FamFG nur auf Absatz 1 oder auch auf Absatz 2 bezieht. Nach hier vertretener Ansicht ist eine Dauerzahlung nach § 292 Abs. 5 i. V. m. Abs. 2 FamFG möglich. Sie kann vor allem in den Fällen angestrebt werden, in denen die Verhältnisse in der Person des Betreuers als auch im Aufenthalt des Betreuten unproblematisch sind. Man wird jedoch künftige Rechtsprechung abwarten müssen.

Voraussetzung ist die Prognose, dass eine Änderung der für die Vergütung maßgeblichen Kriterien, nämlich des gewöhnlichen Aufenthaltsorts des Betreuten (§ 9 Abs. 1 Nr. 2 VBVG) und seines Vermögensstatus (§ 9 Abs. 1 Nr. 3 VBVG), nicht zu erwarten ist. Unerheblich sind die Veränderungen, die sich aus der Dauer der Betreuung (§ 9 Abs. 1 Nr. 1 VBVG) ergeben; diese können aus den Vergütungstabellen (Anlage zu § 8 Abs. 1 VBVG) entnommen werden und sind nicht überraschend. Ergibt sich bei der Prognose z. B. ein Vermögen des Betreuten an der Grenze des Schonbetrags (§ 1880 Satz 2 BGB), wird eine Dauerfestsetzung in der Regel abzulehnen sein (BT-Drucks. 19/24445, S. 398).

Unproblematisch erweist sich die Festsetzung ab dem 13. Vergütungsmonat, da in diesem Fall eine Veränderung aufgrund der Dauer der Betreuung nicht mehr eintritt. Soll die Dauerfestsetzung bereits für Vergütungsmonate eins bis zwölf erfolgen, sollte im Antrag auf die Änderung der Vergütungsstufe ab dem 13. Vergütungsmonat hingewiesen werden; hier empfiehlt sich unter Umständen eine Bezifferung der Ansprüche im Antrag.

Bei § 292 Abs. 2 FamFG handelt sich um eine Kann-Regelung, die dem Gericht die Möglichkeit eröffnet, die Vergütung auch für zukünftige Zeiträume festzusetzen. Dem Gericht soll ein Ermessensspielraum bleiben. Dem Betreuer steht daher grundsätzlich kein (durchsetzbarer) Anspruch auf Festsetzung seiner Vergütung nach diesem Vergütungsmodell zu.

Nach dem LG Frankenthal (Beschl. v. 20.12.2023 – 1 T 161/23) kann ein Antrag eines Betreuers auf eine nach § 292 Abs. 2 FamFG vorgesehene Dauervergütung durch das Gericht nicht mit der allgemeinen Begründung abgelehnt werden, dem Betreuer stehe auf diese Art der Festsetzung kein Anspruch zu. Das Gericht hat vielmehr ermessensfehlerfrei über den Antrag zu entscheiden. Allein die Formulierung „kann" negiert den Anspruch dem Grunde nach nicht, sondern sieht lediglich in der Rechtsfolge ein Ermessen des Gerichts und damit grundsätzlich einhergehend einen Anspruch des Betreuers auf – fehlerfreie – Ausübung dieses Ermessens vor. Voraussetzungen für eine Dauervergütung sind neben einem vorliegenden Antrag die positive Prognose, dass eine Änderung der für die Vergütung maßgeblichen Kriterien des § 9 Abs. 1 Nr. 2 und Nr. 3 VBVG, nämlich des gewöhnlichen Aufenthaltsorts des Betreuten und seines Vermögensstatut, nicht zu erwarten ist. Nach den Gesetzesmaterialien soll „dem Gericht gerade bei Unsicherheiten im Hinblick auf die Prognoseentscheidung, die Zuverlässigkeit des Betreuers oder die Zweckmäßigkeit der Anwendung des Verfahrens im eigenen Arbeitsbereich ein Ermessensspielraum bleiben". Neben dem Arbeitsbereich des Gerichts sind demnach im Hinblick auf die Prognoseentscheidung die konkrete Situation des Betreuten und im Hinblick auf die Zuverlässigkeit der konkrete Betreuer in den Blick zu nehmen. Sofern mit den „Erfahrungen im eigenen Arbeitsbereich" auch Erfahrungen aus anderen Verfahren berücksichtigt werden können, so kann dies lediglich für allgemein die Verfahrensgestaltung betreffende Erwägungen gelten, ermöglicht es jedoch nicht, die mit der Unzuverlässigkeit anderer Betreuer in anderen Verfahren einhergehenden Schwierigkeiten über die „Erfahrung im eigenen Arbeitsbereich" bei Anträgen auch anderer Betreuer zu berücksichtigen.

Die Festsetzung der Vergütung erfolgt für die nach § 14 Abs. 1 Satz 1 VBVG maßgeblichen Dreimonatszeiträume, § 292 Abs. 2 Satz 3 FamFG. Sie ist in regelmäßigen, im Voraus festzulegenden Abständen, die zwei Jahre nicht überschreiten dürfen, durch das Betreuungsgericht zu überprüfen, , § 292 Abs. 2 Satz 2 FamFG. Treten Änderungen der Kriterien des § 9 Abs. 1 Nr. 2 und 3 VBVG nach Erlass des Dauerbeschlusses ein, so hat dies der Betreuer unverzüglich dem Betreuungsgericht mitzuteilen, § 292 Abs. 2 Satz 4 FamFG. In diesem Fall ist der bestehende Beschluss aufzuheben und ein neuer zu erlassen. Durch nachträglich eintretende Veränderungen kann es zu einer Überzahlung, aber auch zu einer Unterzahlung kommen (BT-Drucks. 19/24445, S. 399). Im Fall einer Überzahlung ist eine Aufrechnung (§ 387 BGB) mit künftigen Vergütungsansprüchen des Betreuers möglich (BT-Drucks. 19/24445, S. 399). Im Fall einer Unterzahlung kann eine Nachzahlung erfolgen; dann müsste ausnahmsweise eine Korrektur der Dauerbewilligung für die Vergangenheit durch das Betreuungsgericht vorgenommen werden.

Die Festsetzung kann gegen den Betreuten (das Betreutenvermögen) oder bei Mittellosigkeit gegen die Staatskasse erfolgen. Wird gegen den Betreuten festgesetzt, kann der Betreuer jeweils nach drei Monaten den Vergütungsbetrag einem Konto des Betreuten entnehmen. Handelt es sich um ein versperrtes Anlagekonto, sollte im Dauerbeschluss die erforderliche Genehmigung nach § 1849 Abs. 1 Satz 1 Nr. 1 BGB aufgenommen werden. Erfolgt die Festsetzung gegen die Staatskasse, wird jeweils nach drei Monaten eine Überweisung auf das Konto des Betreuers erfolgen.

Der Betreute ist anzuhören, wenn gegen ihn festgesetzt werden soll, § 292 Abs. 4 FamFG.

Ab dem 1.7.2028 wird aus der Kann-Vorschrift des § 292 Abs. 2 FamFG eine Soll-Vorschrift. Außerdem wird angefügt, dass von einer Festsetzung für zukünftige Zeiträume das Gericht nur absehen kann, wenn dies nach den Umständen des Einzelfalls angezeigt ist. Durch die neue Ausgestaltung als Soll-Bestimmung soll die Dauerfestsetzung der Betreuervergütung zukünftig als Regelfall ausgestaltet werden, von der nur noch in eng begrenzten Fällen abgewichen werden können soll. Das Gericht hat die Entscheidung zu begründen, wenn es von der Dauerfestsetzung abweicht.

7.2.5 Zahlbarmachung gegen die Staatskasse (Verwaltungsverfahren)

Soweit sich der Erstattungsanspruch des Betreuers gemäß § 1879 BGB oder § 15 Abs. 1 VBVG bei Mittellosigkeit des Betreuten gegen die Staatskasse richtet, kann anstelle einer gerichtlichen Festsetzung nach § 292 Abs. 1 FamFG eine sog. Zahlbarmachung gemäß § 292 Abs. 5 FamFG verlangt werden. Dies gilt auch für Ansprüche des Verfahrenspflegers nach § 277 Abs. 4 FamFG. Die Leistungen können im Verwaltungsweg (ohne gerichtliche Festsetzung) durch die

Justizkasse ausgezahlt werden; hierbei sind die Vorschriften über das Verfahren bei der Entschädigung von Zeugen (JVEG) hinsichtlich ihrer baren Auslagen sinngemäß anzuwenden. Der Urkundsbeamte der Geschäftsstelle am Betreuungsgericht berechnet den Erstattungsbetrag und weist die Justizkasse an, die beantragten Zahlungen zu leisten. Dieses Verfahren kann gewählt werden, wenn der Anspruch des Betreuers unstreitig ist. Die Aufwandspauschale des § 1878 BGB bietet sich hierfür an, aber auch die Pauschalvergütung des beruflichen Betreuers kommt infrage.

Wird die Vergütung nach Zeitaufwand berechnet, wie dies nach § 11 Abs. 1 i. V. m. § 3 VBVG für den Sterilisations- und Ergänzungsbetreuer oder beim Verfahrenspfleger gemäß § 277 Abs. 2 und 3 FamFG der Fall ist, wird in der Regel eine Festsetzung nach § 292 Abs. 1 FamFG erfolgen.

Hinweis:

Aus der Formulierung des Antrags sollte sich ergeben, ob die Festsetzung nach § 292 Abs. 1 FamFG beantragt oder ob eine Zahlung im Verwaltungsweg nach § 292 Abs. 5 FamFG verlangt wird.

Probleme können für den beruflichen Betreuer entstehen, wenn zunächst die Vergütung im Verwaltungsverfahren durch die Justizkasse gezahlt wurde und sich herausstellt, dass zu viel gezahlt worden ist, weil die Voraussetzungen einer Fallpauschalenerhöhung (Vergütungsstufe 1 oder 2) nach § 8 Abs. 2 VBVG nicht vorgelegen haben. Während im Festsetzungsverfahren Rechtskraft eingetreten wäre, gilt dies nicht für das Verwaltungsverfahren, sodass eine Rückzahlung an die Justizkasse angeordnet werden kann.

Ist die Auszahlung der Betreuervergütung zunächst im vereinfachten Justizverwaltungsverfahren durch den Urkundsbeamten der Geschäftsstelle erfolgt, wird diese bloße Anweisung der Vergütung ohne förmlichen Beschluss wirkungslos, wenn in einem nachfolgenden förmlichen Festsetzungsverfahren nach § 292 Abs. 1 FamFG eine Entscheidung ergeht. Dabei ist die Durchführung des gerichtlichen Festsetzungsverfahrens an keine Frist gebunden. Eine vorangegangene Auszahlungsanweisung ist insoweit ohne Bedeutung. Auch wenn der Rechtspfleger den Vergütungsantrag im vorangegangenen vereinfachten Verwaltungsverfahren überprüft und für richtig befunden hat, ist er grundsätzlich nicht daran gehindert, die Vergütung im gerichtlichen Verfahren anderweitig festzusetzen (BGH, Beschl. v. 25.11.2015 – XII ZB 261/13).

Einer Rückforderung überzahlter Betreuervergütung kann jedoch der Vertrauensgrundsatz entgegenstehen, wenn eine Abwägung ergibt, dass dem Vertrauen des beruflichen Betreuers auf die Beständigkeit der eingetretenen Vermögenslage gegenüber dem öffentlichen Interesse an der Wiederherstellung einer dem Gesetz entsprechenden Vermögenslage der Vorrang einzuräumen ist (BGH, Beschl. v. 6.11.2013 – XII ZB 86/13). Dies gilt dann nicht, wenn die Nachforderung auf vorsätzlich oder grob fahrlässig falschen Angaben des Betreuers beruht oder der ursprüngliche Ansatz unter einem bestimmten Vorbehalt erfolgt ist (BGH, Beschl. v. 25.11.2015 – XII ZB 261/13).

7.3 Festsetzung des Regressanspruchs der Staatskasse

Werden Aufwendungsersatz, Aufwandspauschale oder Vergütung wegen Mittellosigkeit des Betreuten aus der Staatskasse gezahlt, geht der Anspruch des Betreuers auf die Staatskasse über, § 1881 Satz 1 BGB, § 15 Abs. 2 VBVG. Das Betreuungsgericht kann dann im Wege des Rückgriffs gegen den Betreuten vorgehen, wenn dieser zunächst nur teilweise leistungsfähig war, später zu Vermögen kommt oder ursprünglich zu Unrecht für vermögenslos gehalten wurde. Die Regressfestsetzung erfolgt immer von Amts wegen.

Gemäß § 292a FamFG legt das Betreuungsgericht Höhe und Zeitpunkt der Zahlungen fest, die der Betreute nach § 1881 Satz 1 und § 1880 Abs. 2 BGB an die Staatskasse zu leisten hat. Die geltend gemachten Forderungen müssen ausreichend bestimmt bezeichnet sein.

Die Anordnung der Zahlung kann zeitgleich mit der Festsetzung der Vergütung, des Aufwendungsersatzes oder der Aufwandspauschale oder auch gesondert erfolgen, § 292a Abs. 1 Satz 2 und 3 FamFG. Gesonderte Festsetzung wird in der Regel dann vorgenommen, wenn der Betreute nachträglich zu Vermögen gelangt.

Die Festsetzung von Regresszahlungen, die der Betreute wegen der aus der Staatskasse geleisteten Betreuungsvergütung erbringen soll, setzt die Feststellung von dessen Leistungsfähigkeit voraus

(OLG Frankfurt, Beschl. v. 11.8.2008 – 20 W 211/08). Mithin ist zu ermitteln, welcher Vermögensteil unter den Voraussetzungen des § 1880 BGB in Anspruch genommen werden kann. Steht nach freier Überzeugung des Gerichts der Aufwand einer solchen Ermittlung außer Verhältnis zur Höhe des aus der Staatskasse zu zahlenden Anspruchs oder zur Höhe der voraussichtlich vom Betreuten zu erbringenden Leistungen, kann das Gericht von einer Festsetzung der vom Betreuten zu leistenden Zahlungen absehen, § 292 Abs. 3 FamFG.

Nach dem Tod des Betreuten kann Rückgriff gegen den oder die Erben genommen werden, § 1881 Satz 2 BGB, § 15 Abs. 2 VBVG. Das Betreuungsgericht setzt Höhe und Zeitpunkt der an die Staatskasse zu erbringenden Zahlungen fest, § 292a Abs. 2 Satz 1 FamFG. Zur Prüfung der Regressansprüche hat der Erbe Auskunft über den Bestand des Nachlasses zu geben, § 292a Abs. 2 Satz 2 FamFG; das Gericht kann die Vorlage eines Verzeichnisses der zur Erbschaft gehörenden Gegenstände durch den Erben und eine eidesstattliche Versicherung dahingehend fordern, dass er nach bestem Wissen und Gewissen den Nachlassbestand vollständig angegeben habe, soweit er dazu imstande ist.

Vor einer Entscheidung über eine Regressfestsetzung ist der Betreute bzw. dessen Erbe anzuhören, § 292a Abs. 3 FamFG.

7.4 Inhalt des Festsetzungsantrags

Nach § 292 Abs. 6 FamFG werden die Landesregierungen ermächtigt, durch Rechtsverordnung für Anträge und Erklärungen auf Ersatz von Aufwendungen und Bewilligung von Vergütung Vordrucke einzuführen. Soweit Vordrucke eingeführt sind, müssen berufliche Betreuer und Betreuungsvereine diese verwenden und als elektronisches Dokument einreichen, wenn dieses für die automatische Bearbeitung durch das Gericht geeignet ist. Andernfalls liegt keine ordnungsgemäße Geltendmachung im Sinne des § 1875 Abs. 2 BGB vor. Das Bundesland Nordrhein-Westfalen fordert, dass ab 1.4.2026 Vergütungsanträge unter Verwendung eines vorgegebenen Vordrucks eingereicht werden müssen. Die entsprechende Betreuungsvergütungsformularverordnung (BeVeFoVO) findet man im Gesetz- und Verordnungsblatt (GV. NRW), Ausgabe 2025, Nr. 36 vom 22.8.2025, Seite 704. Ab 1.7.2026 sind die Anträge als elektronisches Dokument (§ 14 Abs. 2 FamFG) einzureichen. Das Justizministerium NRW hat auf Anfrage klargestellt, dass nur ein sicherer Übertragungsweg gemeint sei (eBo, MJP oder beA). Dies gilt nicht für Abrechnungszeiträume, die ganz oder teilweise vor dem 1.1.2026 liegen.

Gemäß der Mitteilungsverordnung hat die Justiz den Finanzbehörden an Berufsbetreuer im Sinne von § 292 FamFG geleistete Zahlungen mitzuteilen, auch dann, wenn sie der Zahlungsempfänger aufgrund einer hauptberuflichen Tätigkeit erhalten hat und sie auf das Geschäftskonto des Zahlungsempfängers überwiesen werden. Diese Mitteilungspflicht gilt erstmals für nach dem 31.12.2024 geleistete Zahlungen. Dabei sind bei natürlichen Personen unter anderem Familienname, Vorname, Geburtsdatum, Anschrift und Identifikationsnummer nach § 139b AO mitzuteilen.

Hinweis:

Vergütungsanträge von Berufsbetreuern sollten die Steuer-ID des Betreuers und sein Geburtsdatum enthalten, um Rückfragen zu vermeiden.

Verschiedene Formulare zur Festsetzung einer Vergütung und Freigabe von Auslagen durch das Betreuungsgericht befinden sich unter den „Arbeitshilfen für Betreuer" im Fachportal „FOKUS Betreuungsrecht".

7.4.1 Anspruchsgegner

Ob sich der Anspruch gegen den (vermögenden) Betreuten, seinen Erben oder (bei Mittellosigkeit) die Staatskasse richtet, muss sich aus dem Antrag ergeben. Soweit für den Betreuer nicht eindeutig erkennbar ist, ob Mittellosigkeit gegeben ist, sollte er vorsorglich seine Forderungen gegen die Staatskasse richten; beim Aufwendungsersatz und bei der Aufwandspauschale schon wegen der Fristwahrung nach § 1877 Abs. 4 und § 1878 Abs. 4 BGB.

Das Verfahren auf Festsetzung der Vergütung des Betreuers kann auf beide möglichen Vergütungsschuldner (Betreuter und Staatskasse) erstreckt werden, wenn die Mittellosigkeit des Betreuten zweifelhaft ist. Der rechtzeitige Antrag auf Festsetzung der Betreuervergütung gegen den Betreuten wahrt die Frist auch gegenüber der subsidiär berufenen Staatskasse, wenn sich im Lauf des Verfahrens die Mittellosigkeit des Betreuten herausstellt, § 1877 Abs. 4 Satz 3

BGB, § 15 Abs. 3 Satz 2 VBVG. In diesem Fall kann das Gericht einen stillschweigenden Hilfsantrag annehmen oder bei Ablehnung der Vergütung gegen den einen Vergütungsschuldner sogar von Amts wegen den Vergütungsanspruch gegen den anderen Vergütungsschuldner festsetzen (BGH, Beschl. v. 19.8.2015 – XII ZB 314/13).

Hinweis:

Der Betreuer könnte den Antrag wie folgt fassen: „Ich beantrage, meine Vergütung gegen das Vermögen des Betreuten festzusetzen, hilfsweise gegen die Staatskasse, wenn beim Betreuten Mittellosigkeit vorliegt oder bis zur gerichtlichen Entscheidung eintritt."

Wird der Vergütungsantrag des Betreuers gegen die Staatskasse abgewiesen und sein Anspruch gegen den Betroffenen bzw. dessen Erben festgesetzt, kann er trotz Eintritts der materiellen Rechtskraft dieses Beschlusses einen erneuten Festsetzungsantrag gegen die Staatskasse stellen, soweit feststeht, dass der Anspruch des Betreuers aus dem Vermögen des Betroffenen bzw. dem Nachlass nicht mehr befriedigt werden kann. Voraussetzung ist, dass der Betreuer keine genaue Kenntnis über das Vermögen hatte und sich herausstellt, dass er seinen Vergütungsanspruch gegen den Betreuten (bzw. dessen Erben) trotz umgehender Ausschöpfung von Zwangsvollstreckungsmöglichkeiten nicht durchsetzen kann (OLG Frankfurt, Beschl. v. 13.5.2009 – 20 W 477/08).

Ist der Betreute verstorben und bestehen noch Ansprüche des Betreuers, richten sich diese gegen den Erben, § 1967 BGB. Der Erbe haftet für ausstehende Forderungen des Betreuten gemäß entsprechender Anwendung des § 1881 Satz 2 BGB nur mit dem Wert des Nachlasses und nicht mit seinem eigenen (gesamten) Vermögen (OLG Düsseldorf, Beschl. v. 2.7.2002 – 25 Wx 31/02). Nach dem Tod des Betreuten kann der ehemalige Betreuer seine ausstehenden Forderungen gegen den Erben geltend machen und Festsetzung beantragen. Wendet der Erbe Mittellosigkeit des Nachlasses ein oder ergibt sich diese bereits aus den Unterlagen, richtet sich der Antrag gegen die Staatskasse.

Die Zulässigkeit einer Festsetzung offener Vergütungsforderungen des ehemaligen Betreuers gegen die Staatskasse oder den Erben nach dem Tod des Betreuten durch das Betreuungsgericht wird in der Rechtsprechung bejaht (z. B. OLG Zweibrücken, Beschl. v. 24.1.2002 – 3 W 5/02).

Ist unklar, ob der Nachlass zur Berichtigung der Vergütungsansprüche nach dem Tod des Betreuten ausreicht, hat zunächst die Staatskasse in Vorleistung zu treten, weil es allgemeiner Meinung entspricht, dass der Staat für die Vergütung des von ihm eingesetzten berufsmäßigen Betreuers zu sorgen hat. Dem Betreuer kann nicht zugemutet werden, zu warten, bis geklärt ist, ob und in welchem Umfang der Nachlass überhaupt ausreicht, die Vergütung zu bezahlen (LG Kassel, Beschl. v. 26.11.2014 – 3 T 459/14).

7.4.2 Bezeichnung des Anspruchs

Macht der berufliche Betreuer oder ein Betreuungsverein die pauschalierte Vergütung (Fallpauschale gemäß §§ 8 und 9 VBVG) geltend, muss er angeben, für welchen Zeitraum er Festsetzung begehrt (§ 14 Abs. 1 Satz 1 VBVG); außerdem sind folgende Angaben erforderlich:

- Dauer der Betreuung (§ 9 Abs. 1 Nr. 1 VBVG)
- Gewöhnlicher Aufenthalt des Betreuten (§ 9 Abs. 1 Nr. 2 VBVG)
- Vermögensstatus des Betreuten (§ 9 Abs. 1 Nr. 3 VBVG)

Zusätzlich muss der berufliche Betreuer bzw. der Betreuungsverein für den Mitarbeiter nachweisen:

- die Registrierung nach § 24 BtOG
- die für die Einstufung in die Vergütungsstufen nach § 8 Abs. 2 VBVG erforderlichen Unterlagen über die abgeschlossene Ausbildung an einer Hochschule oder eine vergleichbare Ausbildung; soweit eine Einstufung nach § 8 Abs. 3 VBVG vorgenommen wurde, genügt die Vorlage der Feststellungsentscheidung

Der Betreuer ist nicht zwingend verpflichtet, die von ihm begehrte Vergütung zu beziffern. Die zutreffende Vergütungshöhe ergibt sich bei der Pauschalvergütung nach §§ 8 und 9 VBVG unmittelbar aus dem Gesetz (BGH, Beschl. v. 19.8.2015 – XII ZB 314/13).

Bei Beantragung der Zeitvergütung (§ 11 Abs. 1 Satz 1 VBVG, § 277 Abs. 2 FamFG) hat der Betreuer bzw. Verfahrenspfleger den der Vergütungsforderung zugrunde liegenden Zeitaufwand in Bezug auf Notwendigkeit und Umfang eindeutig nachvollziehbar und in sich schlüssig darzulegen; der Zeitraum, der durch die Vergütung abgedeckt werden soll, ist anzugeben. Aufwendungen sind einzeln zu beschreiben und die sich daraus ergebenden Kosten darzustellen.

7.4.3 Verhältnisse des Betreuten

Im Antrag sind die persönlichen und wirtschaftlichen Verhältnisse des Betreuten darzustellen, § 292 Abs. 3 Satz 1 FamFG. Nur so ist es dem Gericht möglich, z. B. eine Mittellosigkeit des Betreuten zu erkennen. Das Gericht kann verlangen, dass der Antragsteller seine Angaben hierzu glaubhaft macht, es kann Erhebungen anstellen, insbesondere die Vorlegung von Urkunden anordnen und Auskünfte einholen, § 292 Abs. 3 Satz 2 FamFG i. V. m. § 118 Abs. 2 Satz 1 und 2 ZPO. Soweit der antragstellende Betreuer die Vermögenssorge innehat, dürften diese Angaben für ihn unproblematisch sein.

Obliegt dem antragstellenden Betreuer nicht die Vermögenssorge und kennt er auch die Vermögensverhältnisse nicht, sollte er darlegen, warum dies so ist. Wer einen Vergütungsantrag gegen die Staatskasse stellt, muss entweder zum Vermögen und Einkommen des Betreuten vortragen oder er muss darlegen, welche Bemühungen er unternommen hat, dazu etwas in Erfahrung zu bringen und woran dies gescheitert ist. Erst dann greift der Amtsermittlungsgrundsatz, es sei denn, das Gericht macht von der in § 292 Abs. 3 Satz 2 FamFG geregelten Möglichkeit Gebrauch, die Amtsermittlung zu unterlassen, da sich der Aufwand nicht lohnt. In diesem Fall wird gegen die Staatskasse festgesetzt, ohne dass die Mittellosigkeit feststeht. Dem Rechtspfleger ist hier ein Ermessen eingeräumt. Er muss nicht begründen, warum er ohne Kenntnis der Vermögensverhältnisse gegen die Staatskasse die Zahlung festlegt.

Wenn das Gericht zur Amtsermittlung schreitet, wird es den Betreuten dazu auffordern, die entsprechenden Angaben zu machen. Macht er sie nicht, weil er seine Vermögenslage krankheitsbedingt gar nicht überblickt, könnte der Aufgabenkreis auf die Vermögenssorge zu erweitern sein. Macht er sie nicht, obwohl er das könnte, ist die Vergütung gegen ihn festzusetzen. Fällt der Betreuer dann in der Zwangsvollstreckung aus, obwohl er sie zügig betrieben hat, kann er erneute Festsetzung gegen die Staatskasse betreiben, denn die Unfruchtbarkeitsbescheinigung des Gerichtsvollziehers erbringt ausreichenden Beweis dafür, dass der Betreute mittellos ist.

7.5 Anhörungspflichten

7.5.1 Anhörung des Betreuten

Nach § 292 Abs. 4 FamFG muss der Betreute gehört werden, bevor eine von ihm zu leistende Zahlung festgesetzt wird. Dabei handelt es sich um:

- Vergütungsansprüche des Betreuers
- Aufwendungsersatz und Aufwandspauschale, soweit dem Betreuer die Vermögenssorge nicht zusteht
- Regresszahlungen des Betreuten an die Staatskasse

Der Anspruch muss sich gegen das Vermögen des Betreuten richten; seine Anhörung ist nicht erforderlich, wenn die Staatskasse zur Zahlung verpflichtet ist.

Zur Vergütung eines beruflichen Verfahrenspflegers ist der Betreute an sich nicht zu hören, da sich der Anspruch (zunächst) gegen die Staatskasse richtet, § 277 Abs. 4 Satz 1 FamFG. Da jedoch die festgesetzte Vergütung gemäß Nr. 31015 KV GNotKG beim vermögenden Betreuten eingehoben wird, könnte sich eine Anhörung bereits im Festsetzungsverfahren anbieten.

Eine mündliche Anhörung wird im Gesetz nicht gefordert. Soweit eine schriftliche Anhörung erfolgt, ist der Zustand des Betreuten zu beachten.

Die Anhörung des Betreuten kann unterbleiben (§ 34 Abs. 2 FamFG), wenn eine Verständigung mit ihm offensichtlich nicht möglich ist oder bei ihm erhebliche gesundheitliche Nachteile zu besorgen sind (z. B. Verarmungsangst im Zusammenhang mit einer Depression). Die Angst des Betreuers, das Vertrauensverhältnis zwischen ihm und dem Betreuten könne leiden, wenn dieser von der Vergütungsforderung erfährt, reicht grundsätzlich nicht aus, um von der Anhörung abzusehen.

Wird von der Anhörung abgesehen, ist dem Betreuten grundsätzlich ein Verfahrenspfleger zu bestellen, § 276 Abs. 1 Satz 1 FamFG (z. B. OLG Frankfurt, Beschl. v. 18.3.1997 – 20 W 342/96). Es bleibt offen, ob hiervon abgesehen werden kann, wenn ein Interesse des Betroffenen hieran offensichtlich nicht besteht (BayObLG, Beschl. v. 2.4.2004 – 3Z BR 43/04). Die Entscheidung über das Absehen von der Anhörung bedarf der Begründung (OLG Karlsruhe, Beschl. v. 4.11.2002 – 11 Wx 52/02).

7.5.2 Anhörung des Erben

Will die Staatskasse nach dem Tod des Betreuten dessen Erben gemäß § 1881 Satz 2 BGB und § 292a Abs. 2 FamFG in Anspruch nehmen, sind diese zu hören, § 292a Abs. 3 FamFG.

Auch bei der Festsetzung der Vergütung, des Aufwendungsersatzes oder einer Aufwandspauschale gegen den Erben nach dem Tod des Betreuten ist § 292 Abs. 4 FamFG entsprechend anzuwenden (Thüringer OLG, Beschl. v. 19.10.2000 – 6 W 512/00).

Sollten die Erben nicht bekannt sein, die Erbschaft noch nicht angenommen haben oder ist ungewiss, ob die Erben angenommen haben, kann auf Antrag des ehemaligen Betreuers durch das Nachlassgericht zum Zweck der gerichtlichen Geltendmachung (Festsetzung) seines Anspruchs gegen den Nachlass ein Nachlasspfleger gemäß § 1961 i. V. m. § 1960 Abs. 1 BGB bestellt werden. Diesem kann das Betreuungsgericht nunmehr rechtliches Gehör gewähren und anschließend die Vergütung festsetzen. Für den Nachlasspfleger besteht darüber hinaus die Möglichkeit, dem ehemaligen Betreuer den festgesetzten Betrag aus dem Nachlass zu zahlen; eine Pflicht hierzu besteht für ihn aber nicht.

Auch die Staatskasse kann die ihr gemäß § 1881 BGB aus dem Nachlass zu erstattenden Regressansprüche gegen die unbekannten Erben des Betreuten im Verfahren nach §§ 292a Abs. 2 FamFG festsetzen lassen, wenn ein Nachlasspfleger nach § 1961 BGB bestellt wurde (z. B. OLG Stuttgart, Beschl. v. 29.6.2007 – 8 W 245/07).

7.5.3 Anhörung des Vertreters der Staatskasse

Richten sich die Ansprüche des Betreuers gegen die Staatskasse, ist deren Vertreter, der zuständige Bezirksrevisor, als Beteiligter zu hören, § 274 Abs. 4 Nr. 2 i. V. m. § 34 Abs. 1 Nr. 1 FamFG, schon im Hinblick auf dessen Beschwerdeberechtigung nach § 304 FamFG.

7.6 Entscheidung

7.6.1 Festsetzungsbeschluss

Die Entscheidung ergeht als Beschluss, da der Verfahrensgegenstand erledigt wird (sog. Endentscheidung), § 38 Abs. 1 Satz 1 FamFG. Dem Antrag des Betreuers kann vollumfänglich stattgegeben oder er kann ganz oder teilweise zurückgewiesen werden. Der Inhalt des Beschlusses ergibt sich aus § 38 Abs. 2 FamFG.

7.6.2 Gegenansprüche des Betreuten

Im Vergütungsfestsetzungsverfahren nach § 292 FamFG können Gegenansprüche, die darauf gestützt werden, der Betreuer habe sein Amt mangelhaft geführt, nicht berücksichtigt werden. Gegenansprüche wegen mangelhafter Amtsführung haben nicht im Vergütungsrecht ihren Grund, sodass sie im Festsetzungsverfahren nicht beachtet werden können. Solche Einwendungen können nur mit der Vollstreckungsgegenklage nach § 95 Abs. 1 Nr. 1 FamFG i. V. m. § 767 ZPO oder in einem Verfahren vor dem Prozessgericht geltend gemacht werden. Einer Vollstreckungsgegenklage steht § 767 Abs. 2 ZPO nicht entgegen, obwohl die Gründe, auf denen die Einwendungen beruhen, bereits vor Erlass des Festsetzungsbeschlusses vorlagen, denn die Einwendungen konnten im Vergütungsfestsetzungsverfahren nicht geltend gemacht werden (BGH, Beschl. v. 11.4.2012 – XII ZB 459/10).

7.6.3 Bekanntmachung

Festsetzung richtet sich gegen den Betreuten

Die Bekanntmachung erfolgt an den Betreuer und den Betreuten, § 41 Abs. 1 Satz 1 FamFG; der Betreute ist im gesamten Betreuungsverfahren verfahrensfähig, § 275 FamFG. Der Beschluss wird auch an den Verfahrenspfleger bekannt gegeben (er ist Beteiligter nach § 274 Abs. 2 FamFG). Die Bekanntgabe an den Verfahrenspfleger macht die Bekanntgabe an den Betreuten selbst nicht überflüssig, denn er ist kein Verdrängender, sondern nur ein zusätzlicher Garant dafür, dass die Interessen des Betreuten wahrgenommen werden.

§ 63 Abs. 3 FamFG fordert die schriftliche Bekanntmachung des Beschlusses an die Beteiligten (§ 41 Abs. 1 FamFG), um die Beschwerdefrist in Lauf zu setzen. Nach § 15 Abs. 2 FamFG kann die Bekanntgabe durch Zustellung nach §§ 166 bis 195 ZPO oder dadurch bewirkt werden, dass das Schriftstück unter der Anschrift des Adressaten zur Post gegeben wird. Soll die Bekanntgabe im Inland bewirkt werden, gilt das Schriftstück vier Tage nach Aufgabe bei der Post als bekannt gegeben, wenn nicht der Beteiligte glaubhaft macht, dass ihm das Schriftstück nicht oder erst zu einem späteren Zeitpunkt zugegangen ist. Wird der Beschluss elektronisch zugestellt, so gilt nach § 173 Abs. 4 ZPO (anwendbar über § 15 Abs. 2 Satz 1 FamFG) die Zustellung am vierten Tag nach der in der Regel sofort erstellten Eingangsbestätigung und damit nach Absendung als zugegangen. In diesem Fall kommt es nicht auf den Zeitpunkt der Zugangsmöglichkeit des Betreuers zu seinem Postfach oder eine tatsächliche Kenntnisnahme an; auch bei sofortiger Kenntnisnahme beginnt eine nach dem Zustellungsdatum berechnete Frist daher nicht, früher zu laufen (es handelt sich um eine Zugangsfiktion, nicht um eine Zugangsvermutung). Dies gilt nicht in den Fällen des § 173 Abs. 2 und 3 ZPO.

Festsetzung richtet sich gegen die Staatskasse

Die Bekanntmachung erfolgt an den Vertreter der Staatskasse (Bezirksrevisor) und an den Betreuer, § 41 Abs. 1 Satz 1 FamFG. Der Vertreter der Staatskasse ist (unabhängig von einer Beteiligtenstellung) beschwerdeberechtigt, § 304 Abs. 1 Satz 1 FamFG. Die Bekanntmachung an ihn erfolgt durch formlose Mitteilung, § 304 Abs. 2 i. V. m. § 15 Abs. 3 FamFG.

7.6.4 Wirksamkeit

Wirksamkeit der Entscheidung tritt nach § 40 Abs. 1 FamFG mit Zugang an den Betreuer ein. Zwar unterliegt der Beschluss der formellen Rechtskraft, § 45 FamFG, jedoch ist diese keine Wirksamkeitsvoraussetzung und muss grundsätzlich nicht bescheinigt werden, § 46 FamFG.

Hinweis:
Bei einer Vergütungsentscheidung muss nicht der Eintritt der Rechtskraft abgewartet werden, es genügt für die Wirksamkeit die Bekanntmachung des Beschlusses an den Betreuer. Ab diesem Zeitpunkt kann von der Entscheidung Gebrauch gemacht werden.

7.7 Beschwerde

Die nach §§ 292 und 292a FamFG erfolgten gerichtlichen Festsetzungsentscheidungen unterliegen der Beschwerde, §§ 58 ff. FamFG.

Hat der Urkundsbeamte im Verwaltungsverfahren nach § 292 Abs. 5 FamFG die Auszahlung der beantragten Vergütung angeordnet (Zahlbarmachung), ist zu beachten, dass nur das Verfahren nach JVEG im vereinfachten Verfahren erfolgt, jedoch nicht die Beschwerde nach diesem Gesetz statthaft ist (BayObLG, Beschl. v. 20.5.1999 – 3Z BR 103/99). Da im Rahmen der Zahlbarmachung über den Anspruch noch nicht rechtskräftig entschieden wurde, bleibt dem Betreuer aber immer die Möglichkeit der Antragstellung auf Festsetzung nach § 292 Abs. 1 FamFG; gegen den dann ergangenen Beschluss des Rechtspflegers kann er Beschwerde einlegen (§§ 58 ff. FamFG).

7

Die Beschwerde ist nur zulässig, wenn der Wert des Beschwerdegegenstands 600 EUR übersteigt, § 61 Abs. 1 FamFG. Falls dieser Wert nicht überschritten wird, kann das Betreuungsgericht sie zulassen, § 61 Abs. 2 FamFG. Die Zulassung erfolgt durch den Rechtspfleger; lässt dieser die Beschwerde nicht zu, kann gegen den Festsetzungsbeschluss mit Erinnerung binnen einer Frist von zwei Wochen vorgegangen werden, § 11 Abs. 2 Satz 1 RPflG. Der Rechtspfleger kann der Erinnerung abhelfen und die Beschwerde nunmehr zulassen. Hilft er der Erinnerung nicht ab, entscheidet der Richter des Betreuungsgerichts in der Sache; auch er kann die Beschwerde noch zulassen (BGH, Beschl. v. 17.5.2017 – XII ZB 621/15).

Die Beschwerde ist binnen einer Frist von einem Monat einzulegen, § 63 Abs. 1 FamFG. Nach § 63 Abs. 3 Satz 1 FamFG beginnt die Frist jeweils mit der schriftlichen Bekanntgabe des Beschlusses an die Beteiligten. Richtet sich die Festsetzung gegen die Staatskasse, beträgt die Beschwerdefrist des Bezirksrevisors abweichend von § 63 Abs. 1 FamFG drei Monate, § 304 Abs. 2 FamFG.

Die Beschwerde steht nach § 59 Abs. 1 FamFG demjenigen zu, der durch den Beschluss in seinen Rechten beeinträchtigt ist. Beschwerde einlegen kann:

- Betreuter, wenn eine Festsetzung gegen sein Vermögen erfolgt
- Erbe des Betreuten, wenn eine Festsetzung von Ansprüchen des Betreuers oder Regressansprüchen der Staatskasse gegen ihn erfolgen

- Betreuer, wenn seinem Antrag nicht (vollständig) entsprochen wird

Darüber hinaus sind beschwerdeberechtigt:

- Verfahrenspfleger, wenn die Festsetzung gegen das Betreutenvermögen erfolgt (§ 303 Abs. 3 FamFG)
- Vertreter der Staatskasse (Bezirksrevisor), wenn die Festsetzung gegen die Staatskasse erfolgt (§ 304 Abs. 1 Satz 1 FamFG)

Im Verfahren auf Festsetzung einer Betreuervergütung gegen die Staatskasse sind weder der Betreute noch ein Verfahrenspfleger beschwerdeberechtigt (BayObLG, Beschl. v. 25.7.2003 – 3Z BR 106/03).

7.8 Festsetzungsbeschluss als Vollstreckungstitel

Nach § 86 Abs. 1 Nr. 1 FamFG kann aus einem gegen den Betreuten ergangenen Festsetzungsbeschluss nach § 292 Abs. 1 FamFG gemäß den Vorschriften der ZPO vollstreckt werden, § 95 Abs. 1 Nr. 1 FamFG; an die Stelle eines Urteils tritt der Beschluss, § 95 Abs. 2 FamFG.

Der Festsetzungsbeschluss wird mit Bekanntmachung an den Betreuer wirksam, § 41 Abs. 1 Satz 1 FamFG, und ist ab diesem Zeitpunkt vollstreckbar, § 86 Abs. 2 FamFG. Er bedarf nicht eines Rechtskraftvermerks, § 46 FamFG.

Der Festsetzungsbeschluss ist Vollstreckungstitel, § 86 Abs. 1 Nr. 1 FamFG. Um die Zwangsvollstreckung betreiben zu können, bedarf der Betreuer einer vollstreckbaren Ausfertigung des Festsetzungsbeschlusses, die mit einer Vollstreckungsklausel versehen ist und die Zustellung an den Betreuten (oder Erben) ausweist, § 86 Abs. 3 FamFG, da die Vollstreckung nicht durch das Betreuungsgericht erfolgt, sondern durch das Vollstreckungsgericht oder den Gerichtsvollzieher. Die erforderliche Klausel erteilt der Urkundsbeamte der Geschäftsstelle des Betreuungsgerichts.

Der Festsetzungsbeschluss gegen den Erben des verstorbenen Betreuten fällt ebenfalls unter § 86 Abs. 1 Nr. 1 FamFG und stellt einen Vollstreckungstitel dar.

Der Beschluss, durch den die Vergütung gegen den Erben festgesetzt ist, ist allerdings ein Vollstreckungstitel nur gegen den Nachlass, nicht gegen das Vermögen, das der Erbe außer dem Nachlass hat. Eine Festsetzung, die eine Vollstreckung in das sonstige Vermögen des Erben ermöglichen würde, ist nicht zulässig. Aus § 1881 Satz 2 BGB, wonach der „Erbe nur mit dem Wert des im Zeitpunkt des Erbfalls vorhandenen Nachlasses" der Staatskasse haftet, folgt, dass der Erbe für die Vergütung nicht mit seinem sonstigen Vermögen haftet, also ein Titel nicht gegen den Erben persönlich möglich ist. Auch die Staatskasse, die vorrangig haftet, falls der Nachlass nicht ausreicht, kann beim Erben keinen Rückgriff nehmen, der aus dem sonstigen Vermögen des Erben zu zahlen wäre (OLG Celle, Beschl. v. 30.6.2016 – 6 W 81/16).

7.9 Zurückbehaltungsrecht des Betreuers

Endet das Betreueramt, kommt es nicht selten vor, dass der ehemalige Betreuer noch Ansprüche aus Vergütung oder Aufwendungsersatz gegen den Betreuten oder dessen Erben geltend machen kann. Um zu vermeiden, dass insbesondere der Erbe nach Aushändigung aller Vermögensbestandteile diese anderweitig verwendet und dem Betreuer Vermögenslosigkeit entgegenhält, kann dieser einen Teil des Betreutenvermögens zurückhalten, damit seine Ansprüche durchgesetzt werden können (OLG Zweibrücken, Beschl. v. 12.11.2009 – 4 U 135/08). Der Wert der zurückbehaltenen Vermögensteile darf nicht außer Verhältnis zur Höhe der Forderung des Betreuers stehen. Das Zurückbehaltungsrecht ergibt sich aus § 273 BGB.

8. Abkürzungen

Abkürzung	Bedeutung
a. A.	anderer Ansicht
Abs.	Absatz
a. F.	alte Fassung
AG	Amtsgericht
Anm.	Anmerkung
AO	Abgabenordnung
Art.	Artikel
BAnz	Bundesanzeiger
BauGB	Baugesetzbuch
Bay	Bayern
BayObLG	Bayerisches Oberstes Landesgericht
beA	besonderes elektronisches Anwaltspostfach
Beschl.	Beschluss
BetrInASG	Betreuer-Inflationsausgleichs-Sonderzahlungsgesetz
BFH	Bundesfinanzhof
BGB	Bürgerliches Gesetzbuch
BGBl.	Bundesgesetzblatt
BGH	Bundesgerichtshof
BtOG	Betreuungsorganisationsgesetz
BT-Drucks.	Bundestagsdrucksache
BtRegV	Betreuerregistrierungsverordnung
bzgl.	bezüglich
BZRG	Bundeszentralregistergesetz
bzw.	beziehungsweise
DVO	Durchführungsverordnung
eBO	elektronisches Bürger- und Organisationspostfach
EGBGB	Einführungsgesetz zum Bürgerlichen Gesetzbuch
EGGVG	Einführungsgesetz zum Gerichtsverfassungsgesetz
EStG	Einkommensteuergesetz
EUR	Euro
FamFG	Gesetz über das Verfahren in Familiensachen und in den Angelegenheiten der freiwilligen Gerichtsbarkeit
ff.	fortfolgende
FlurbG	Flurbereinigungsgesetz
ggf.	gegebenenfalls
GNotKG	Gerichts- und Notarkostengesetz
GVG	Gerichtsverfassungsgesetz

Abkürzung	Bedeutung
h. M.	herrschende Meinung
i. d. F.	in der Fassung
i. S. d.	im Sinne des/der
i. V. m.	in Verbindung mit
JVEG	Justizvergütungs- und -entschädigungsgesetz
KG	Kammergericht
KostBRÄG	Kosten- und Betreuervergütungsrechtsänderungsgesetz 2025
KV	Kostenverzeichnis
LG	Landgericht
MJP	Mein Justizpostfach
m. w. N.	mit weiteren Nachweisen
MwStSystRL	Mehrwertsteuer-Systemrichtlinie (EU-RL 2006/112/)
Nr.	Nummer
OLG	Oberlandesgericht
Rn.	Randnummer
RVG	Rechtsanwaltsvergütungsgesetz
SGB	Sozialgesetzbuch
SGB II	Sozialgesetzbuch – Zweites Buch (Bürgergeld, Grundsicherung für Arbeitsuchende)
SGB VII	Sozialgesetzbuch – Siebtes Buch (Gesetzliche Unfallversicherung)
SGB VIII	Sozialgesetzbuch – Achtes Buch (Kinder- und Jugendhilfe)
SGB X	Sozialgesetzbuch – Zehntes Buch (Sozialverwaltungsverfahren und Sozialdatenschutz)
SGB XII	Sozialgesetzbuch – Zwölftes Buch (Sozialhilfe)
StPO	Strafprozessordnung
u. a.	unter anderem
Urt.	Urteil
v.	vom
VBVG	Vormünder- und Betreuervergütungsgesetz
VerschG	Verschollenheitsgesetz
VO	Verordnung
VVRVG	Vergütungsverzeichnis zum RVG
VwVfG	Verwaltungsverfahrensgesetz
z. B.	zum Beispiel
Ziff.	Ziffer
ZPO	Zivilprozessordnung

9. Stichwortverzeichnis

9